Charles Lovis Bakyono

TIC et développement de l'élevage dans l'Est du Burkina Faso

AF154725

Charles Lovis Bakyono

TIC et développement de l'élevage dans l'Est du Burkina Faso

Le marché à bétail de Fada N'Gourma

Presses Académiques Francophones

Impressum / Mentions légales
Bibliografische Information der Deutschen Nationalbibliothek: Die Deutsche Nationalbibliothek verzeichnet diese Publikation in der Deutschen Nationalbibliografie; detaillierte bibliografische Daten sind im Internet über http://dnb.d-nb.de abrufbar.

Information bibliographique publiée par la Deutsche Nationalbibliothek: La Deutsche Nationalbibliothek inscrit cette publication à la Deutsche Nationalbibliografie; des données bibliographiques détaillées sont disponibles sur internet à l'adresse http://dnb.d-nb.de.

Coverbild / Photo de couverture: www.ingimage.com

Verlag / Editeur:
Presses Académiques Francophones
ist ein Imprint der / est une marque déposée de
OmniScriptum GmbH & Co. KG
Heinrich-Böcking-Str. 6-8, 66121 Saarbrücken, Deutschland / Allemagne
Email: info@presses-academiques.com

Herstellung: siehe letzte Seite /
Impression: voir la dernière page
ISBN: 978-3-8416-3690-4

REMERCIEMENTS

A toutes les personnes qui m'ont permis de préparer ce master Conception et Gestion de projets Numériques territoriaux et qui m'ont aidé dans la réalisation du présent mémoire, je voudrais témoigner mes sincères remerciements.

Avec le risque d'oublier des personnes, je voudrais particulièrement témoigner ma gratitude à:

- Monsieur Tiémoko Konaté, ministre des ressources animales du Burkina Faso qui a bien voulu malgré son programme chargé et à une période électorale a bien voulu me recevoir ;
- Messieurs Paul Bayili et David Barro, coordonnateur et gestionnaire de la Cellule d'Appui à la Gestion Communale (CAGEC) qui m'ont offert le stage sur le marché à bétail, m'ont soutenu matériellement et accompagné tout au long de ce travail; je leur réitère ma disponibilité à poursuivre avec eux les réflexions dans la perspective de la réalisation du présent projet ;
- Monsieur Arnaud Michel, responsable du master2 CGPNT et l'ensemble des enseignants pour leur disponibilité et la qualité des enseignements et de l'encadrement qu'ils m'ont apporté; leurs prestations a été largement au delà de mes rêves ;
- Monsieur Sylvestre Ouédraogo, enseignant à l'université de Ouagadougou et membre de l'équipe des enseignants du master2 CGPNT qui m'a aidé en tant que directeur de mon mémoire et qui m'a consacré énormément de son temps de manière très qualitative ;
- Monsieur Traoré Nouhou, directeur de l'Etablissement Public Communal pour le Développement (EPCD) de Fada N'Gourma et son équipe pour l'accueil et les facilités qu'ils m'ont accordé durant mes séjours à Fada N''Gourma ;
- Monsieur Traoré Abdoul Karim, de l'EPCD de Fada qui m'a accompagné durant tous mes travaux de terrain en m'ouvrant toutes les portes et en administrant les questionnaires aux acteurs; il a été également une précieuse source d'informations ;
- Monsieur Salou Drissa, directeur régional des ressources animales de Fada N'Gourma;
- Monsieur le chef de l'agence de la Banque Agricole et Commerciale du Burkina (BACB) ;

A mon épouse, à mes enfants, parents et amis je témoigne ma reconnaissance pour leur soutien et compréhension.

ADSL : Asymmetric Digital Subscriber Line (en français: liaison numérique à débit asymétrique).

ARTEL : Autorité de régulation des télécommunications

AGEC: Appui à la Gestion Communale

BACB: Banque Agricole et Commerciale du Burkina

BLR: Boucle Locale Radio

BOAD: Banque Ouest Africaine de Développement

CAGEC: Cellule d'Appui à la Gestion Communale

CEDAO: Communauté économique des Etats d'Afrique de l'Ouest

CFA: Monnaie de la Communauté Monétaire d'Afrique (Zone UEMOA); 1 € = 655,56 CFA

CMS: Content Management System

CSLP: Cadre Stratégique de Lutte contre la Pauvreté

DACUM: Developping A CurriculUM

DDC: Direction du Développement et de la Coopération (Suisse)

DELGI: Délégation Générale à l'Informatique

DOS: Document d'Orientation Stratégiques des Secteurs de l'Agriculture et de l'Elevage à l'horizon 2010;

EBCVM: Enquête Burkinabé sur les Conditions de Vie des Ménages

EPA: Etablissement Public à caractère Administratif

EPCD: Etablissement Public Communal pour le Développement

FADEC: Fond d'Appui au Développement Communal

FFOM: Forces-Faiblesses-Opportunités-Menaces

FSU: Fonds de Services Universels

GIGANET: Société, fournisseur d'accès à Internet

GSM: Global System for Mobile communications, standard technologique pour la téléphonie mobile

GTZ: Gesellschaft für Technische Zusammenarbeit (Organisation de coopération allemande)

IABER: Institut Africain de Bio-Economie Rurale

IFDC: International Fertilizer Development Center

IICD: International Institut for Communication and Development

INSD : Institut National de la statistique et de la démographie

MCM1: Moyens de Communication Modernes de type 1 (téléphone fixe et téléphone GSM)

MCM2: Moyens de Communication Modernes de type 2 (SMS, Internet)

MCT: Moyens de Communication traditionnels (émissaire, hauts parleurs, rencontre)

MISTOWA: Market Information Systems and Traders'Organizations of West Africa (projet de coopération financé par USAID)

NTIC: Nouvelles Technologies de l'Information et de la Communication

OEMA: Observatoire Economique des Marchés Agricole

ONATEL: Office National des Télécommunications

PAPISE: Plan d'Actions et Programme d'Investissement du secteur de l'Elevage

PDA: Projet de Développement Agricole

PDVM: Programme de Développement de Dix Villes Moyenne

RECOPA: Réseau de communication pour le pastoralisme

RENER: Réseau Education Recherche

RESIMAO : Réseau des Systèmes d'Information des Marchés de l'Afrique de l'Ouest

SIM: Systèmes d'Information de Marché

SMS: Short Message Service, ou "message court",

SONAGESS: SONAGESS Société Nationale de Gestion des Stocks de Sécurité Alimentaire

SPAI: Sous Produits Agro-Industriels

TIC: Technologies de l'Information et de la Communication

UEMOA: Union Economique et Monétaire Ouest Africaine

LISTE DES GRAPHIQUES ET TABLEAUX

L'Est du Burkina Faso est une région avec un grand potentiel en élevage, deuxième activité du secteur primaire après l'agriculture détenant ainsi une part importante dans la production nationale. Une politique gouvernementale favorable au développement du secteur, a doté en 2004 la région d'un marché à bétail localisé dans la ville de Fada N'Gourma, chef-lieu de la Région de l'Est et au carrefour avec les pays voisins du Bénin, du Niger; et du Togo.
Ce sont des infrastructures modernes et impressionnantes pour près de 750 000 000 de FCFA, financées par la Coopération Suisse. On y enregistre chaque jour de marché des offres de vente de plus de 1 000 têtes de bovins, ovins, caprins pour des flux financiers de plus de cent millions de francs CFA. Divers acteurs (éleveurs, courtiers, exportateurs, prestataires, etc.) et leurs organisations animent le marché. Ce grand potentiel demeure sous-exploité par un manque d'accès à l'information et à des outils de communication efficaces et adaptés.

Notre travail a pour objectif de proposer des solutions pour la mise en place de services et de dispositifs TIC capables d'assurer la promotion du marché, de permettre aux acteurs d'accéder à de l'information utile et de communiquer aisément tout en modernisant les métiers.

Le taux d'alphabétisation au sein des acteurs directs du marché est très faible. L'utilisation de TIC dans la recherche de l'information est limitée à la communication vocale par le téléphone cellulaire. Les canaux d'information se résument au "bouche à oreille". Les informations recherchées sont variées allant de la disponibilité d'animaux en vente au cours des devises de pays voisins (Neira et Cedi). Il existe par contre une volonté des acteurs à moderniser leur métier notamment par une alphabétisation et l'apprentissage de l'usage des TIC soit pour eux-mêmes ou pour des membres de leur famille plus lettrés et impliqués dans leur activité commerciale. L'intégration des TIC dans un système d'information de communication autour du marché à bétail est par ailleurs un besoin repris par les prestataires de services (cabinets vétérinaires et guichets de banques), les partenaires techniques et l'administration communale.

Pour répondre à ces besoins, nous avons proposé les solutions suivantes:
- La création d'un site Web portail comme moyen pour promouvoir le marché, ses acteurs et ses produits;

- L'utilisation des plateformes d'accès aux informations agro-pastorales existantes La plateforme AGRITRADE et du RESIMAO ;
- L'utilisation optimale du SMS comme outil de communication entre acteurs
- La création de nouveaux métiers et/ou la modernisation des métiers traditionnels
- La création d'un accès public à Internet dédié au marché à bétail

Nous avons rédigé cahier des charges pour la mise en œuvre de ces solutions.

Pays enclavé au cœur de l'Afrique Occidentale, le Burkina Faso couvre une superficie de 274.000 km2 et fait frontière avec le Mali, le Niger, le Bénin, le Togo, le Ghana et la Côte-d'Ivoire. Le pays a une densité de peuplement moyenne de 41 habitants/km2. La population était estimée à 12,4 millions d'habitants par la Banque Mondiale en 2004 et comprend une soixantaine d'ethnies à près de 80% rurale.

La région de l'Est du Burkina Faso, terrain du présent projet, couvre une superficie de 46 256 km2 et se compose de cinq provinces: Gnagna, Gourma, Komandjari, Tapoa et Kompienga. Elle compte environ un million d'habitants. La densité démographique est disparate, variant de 50 habitants/km2 dans certaines parties du Gourma à 3 habitants/km2 à peine dans les zones méridionales. Le groupe ethnique majoritaire, les Gourmantchés détient les droits fonciers coutumiers. Les autres groupes ethniques de la région de l'Est sont les Peuhls et les Mossi qui sont issus d'un courant d'immigration relativement récent.

Fada N'Gourma, chef-lieu de la région de l'Est et capitale historique du Gulmu est située à 220 km de Ouagadougou. La commune urbaine de Fada N'Gourma comptait en 2005 une population globale de 128 056 habitants, dont une composante rurale de 33 villages administratifs de 83 783 habitants et une composante urbaine de 11 secteurs comptant 44 267 habitants.

Près des deux tiers de la population vit de l'agriculture et de l'élevage. Au carrefour des axes routiers menant au Bénin, au Niger, au Nigeria et au Togo,

Fada N'Gourma joue un rôle de pôle régional de développement pour l'Est du Burkina Faso.

Véritable point névralgique de la ville, le marché à bétail qui a été créé depuis 1979 a vu se développer dans son sillage des associations de courtiers et d'éleveurs qui l'animent et ont en partenariat avec la Commune de Fada N'Gourma soutenus et réalisé un projet de construction d'infrastructures modernes pour le marché à bétail.

Il est l'un des plus importants du Burkina Faso après celui de Pouytenga dans le Centre Est du pays en termes de transactions. Les animaux en provenance du Mali, du Niger et du Burkina Faso y sont vendus et partent en direction des pays côtiers (Bénin, Ghana, Nigeria et Togo). On y enregistre hebdomadairement des offres de vente de plus de mille (1 000) têtes de bovins, ovins, caprins pour des flux financiers de plus de cent millions de francs CFA.

Malgré le potentiel que représente la qualité des infrastructures, la dynamique de la filière et les multiples partenaires disponibles, ce marché demeure confiné dans une gestion traditionnelle avec une clientèle limitée sous exploitant ainsi ce potentiel.

Dans un contexte largement favorable à l'utilisation des TIC, il s'agit pour nous d'étudier la faisabilité de l'intégration des TIC de manière intelligente et équitable dans la promotion, la gestion et le fonctionnement du marché à bétail.

Les alternatives que dégageraient l'étude de faisabilité feront l'objet de cahier des charges pour la mise en œuvre efficace des stratégies et services au sein et autour du marché à bétail pour lui permettre de jouer son rôle de véritable outil de développement créant des revenus et des emplois dans l'Est du Burkina Faso.

Le présent document présente dans une première partie une étude de faisabilité comprenant une description du contexte, du marché à bétail, une analyse FFOM et les résultats de nos investigations de terrains. La deuxième partie est un cahier des charges pour la réalisation des solutions proposées à l'issue de l'analyse du contexte et des besoins.

PREMIERE PARTIE: ETUDE DE FAISABILITE

Chapitre 1 -   Présentation du cadre de l'étude

Au Burkina Faso, les secteurs de l'agriculture et de l'élevage occupent plus de 80 % des populations et constituent la base du développement socio-économique du pays.

Le sous-secteur de l'élevage participe à la sécurité alimentaire et nutritionnelle des populations, contribue à la traction animale, au transport et à la fertilisation des champs de culture et intervient pour plus de 10 % au PIB. En outre, l'élevage figure aujourd'hui au second rang des exportations totales en valeur après le coton et constitue la principale source de revenus des ménages pauvres en milieu rural. En 2005, selon les statistiques du Ministère des Ressources Animales, le Burkina Faso a exporté 213 000 bovins, 304 000 ovins et 254 000 caprins.

1.1   Un contexte national favorable au développement d'une filière

Dans ce contexte, et au regard des possibilités et des opportunités encore plus grandes pour la promotion des productions animales, le Gouvernement a pris un certain nombre de mesures dont notamment :

— La création le 10 juin 1997 du Ministère des Ressources Animales ;
— L'adoption le 19 novembre 1997 de la Note d'Orientation du Plan d'Action de la Politique de Développement de l'Elevage ;
— L'adoption en janvier 1998 du Document d'Orientation Stratégiques (DOS) des Secteurs de l'Agriculture et de l'Elevage à l'horizon 2010;
— L'adoption le 04 octobre 2000 du Plan d'Actions et Programme d'Investissement du secteur de l'Elevage (PAPISE) au Burkina Faso.

Tous ces actes de l'Etat Burkinabé traduisent la priorité désormais accordée au secteur rural et plus particulièrement au développement de l'élevage qui future en bonne place dans le document Cadre Stratégique de Lutte contre la Pauvreté (CSLP).

C'est également au titre des mesures visant à développer ce secteur qu'il faut citer la construction d'infrastructures modernes pour le marché à bétail de Fada N'Gourma. L'ensemble des travaux a été réalisé sous la direction de l'Etablissement Public Communal pour le Développement (EPCD), maître d'ouvrage délégué de la Commune de Fada N'Gourma et achevés en 2005 pour un coût total de sept cent vingt millions (720 000 000) de francs CFA entièrement financés par la Coopération Suisse dans le cadre de son appui au Programme de Développement de Dix Villes Moyenne (PDVM) de l'Etat Burkinabé. Ce programme vise à faire des villes moyennes des pôles de développement régionaux. Dans le contexte de la décentralisation, ce programme s'inscrit dans une optique de développement local et de partenariat avec les communes ainsi que dans le cadre général de la lutte contre la pauvreté. La Coopération Suisse a choisi de financer la réalisation d'équipements marchands afin de renforcer les capacités financières et de gestion des communes. Les interventions de la Coopération Suisse sont coordonnées depuis 2004 par la Cellule d'Appui à la Gestion Communale (CAGEC).

1.2 Une politique et des infrastructures en Technologies de l'Information et de la Communication favorables

La Stratégie d'opérationnalisation du plan de développement de l'infrastructure nationale d'information et de communication 2004-2006 adoptée par le conseil des ministres du 13 octobre 2004 dit avoir pour principale ambition de mettre les technologies de l'information et de la communication, qu'elles soient nouvelles ou anciennes, au service des stratégies nationales de développement et s'articule autour de six (6) axes. L'Axe 4 prévoit "Le renforcement de l'expertise nationale dans le domaine des nouvelles technologies de l'information et de la communication et la *promotion des e-emplois* et d'une industrie locale de services basés sur ces technologies afin de garantir...et *la création de nouveaux emplois*".

L'extrait suivant, troisième objectif de l'Axe1 (Accélérer la croissance et la fonder sur l'équité, pour son troisième objectif) du plan de développement de l'infrastructure nationale d'information et de communication 2004-2006 dit ceci:

Objectif3 : Accélérer le développement du monde rural et appuyer les secteurs productifs.

— Promouvoir les outils et techniques de communication participative pour le développement afin de favoriser, par la diffusion de messages socio-éducatifs et de vulgarisation à destination des communautés rurales, la mobilisation sociale dans la mise en œuvre des projets et initiatives de développement à caractère local, régional ou national.

— Soutenir la formation et la recherche en communication participative pour le développement.

— Soutenir la recherche pour la production et la diffusion de contenus multimédias interactifs en langues nationale adaptés aux besoins des populations rurales alphabétisées.

— Renforcer les capacités des acteurs du monde rural et notamment des couches défavorisées (en particulier des femmes et des jeunes) afin de leur permettre d'accéder à travers des structures d'accès communautaires à des informations pour le développement pouvant contribuer à la réduction de la pauvreté.

— Améliorer les capacités des ressources humaines par la formation continue grâce à l'utilisation des TIC.

— Diffuser à l'échelle planétaire les potentialités du pays et les facilités notamment juridiques et fiscales (code des investissements, code minier, code des impôts, etc.) offertes aux opérateurs économiques afin de promouvoir les investissements.

— Promouvoir et renforcer la présence des entreprises et des produits sur le marché mondial grâce aux TIC.

— Valoriser le patrimoine culturel et artistique et les potentialités touristiques grâce aux TIC.

> — Renforcer les capacités des opérateurs économiques grâce à la e-gouvernance afin d'améliorer leur productivité.
>
> — Collecter, traiter et disséminer l'information économique et commerciale à partir de banques de données nationales intégrées aux grands réseaux mondiaux afin de mieux informer les opérateurs économiques et les structures de production sur les opportunités.
>
> — Promouvoir : (1) une industrie locale de services basés sur les TIC, (2) le télétravail et (3) la culture du numérique, à tous les niveaux, et spécialement au niveau de la jeunesse.
>
> (Source: CSLP-Stratégie NTIC, Gouvernement du Burkina Faso, 2004, p.81)

A l'aube du 3e millénaire, le Burkina Faso place le secteur des télécommunications dans une perspective stratégique de développement de l'infrastructure nationale et d'ouverture au privé.

Cette option a pour objectif, d'utiliser les télécommunications comme moyens de désenclavement global de l'ensemble du territoire.

Les réseaux de Communication et les applications multimédia constituent désormais les supports indispensables de la croissance et du développement de la société moderne!

La couverture Internet est caractérisée par l'existence d'une épine dorsale qui relie Ouagadougou à 5 autres villes par des liaisons à 2 Mbts/sec : Bobo Dioulasso, Koudougou, Kaya, Ouahigouya, Fada N'Gourma.

Le total du débit Internet pour le pays offert par l'ONATEL, le seul opérateur habilité à se connecter sur l'International est de 70 MBts/s. La libéralisation totale du secteur courant 2007 permettra à d'autres opérateurs de pouvoir fournir l'Internet sans passer par le seul réseau de l'ONATEL.

Le réseau de transmission interurbain de l'ONATEL est constitué par des liaisons hertziennes numérisées à plus de 90% avec une longueur totale de 2700 Km. Le réseau hertzien interconnecte 13 centraux téléphoniques dont 11

15

centraux électroniques temporels.

D'autres réseaux existent comme le réseau de téléphonie rurale AMRT ainsi que le réseau du ministère de la santé qui vise le désenclavement de 120 formations sanitaires en zone rurale. Ce réseau s'étendra sur 93 autres formations sanitaires.

Le RESINA réseau d'information de l'administration couvre la plupart des ministères grâce à un réseau de fibre optiques et d'ondes radios A terme, ce projet permettra de relier sur toute l'étendue du territoire Présentement, 13 structures gouvernementales sont interconnectées.

Le projet SAT 3 est une autoroute nationale électronique à prolongements internationaux à large bande, co-financé à hauteur de 93,4 milliards de F CFA par la Banque ouest africaine de développement (BOAD) et les opérateurs historiques des 7 pays de l'UEMOA que sont le Bénin, le Burkina Faso, la Côte d'Ivoire, le Mali, le Niger, le Togo et le Sénégal, en vue d'offrir de meilleurs liens locaux, transfrontaliers, des canaux permanents pour les télévisions, les dessertes urbaines et rurales et des interfaces pour réseau de gestion des télécommunications.

A ce jour, la situation se présente comme suit en termes de débit de connexion.

— Liaison symétrique fibre optique SAT3 vers le Sénégal via le Mali 34 Mbits/s (Téléglobe)
— Liaison symétrique fibre optique SAT3 vers la Côte d'ivoire 155 Mbits/s (Téléglobe)
— Liaison asymétrique satellitaire via la station terrienne 26 Mbits/s en Down et 8 Mbits/s en Up (Intelsat).

16

Graphique N° 01: Réseau principal de transmission interurbaine d'ONATEL

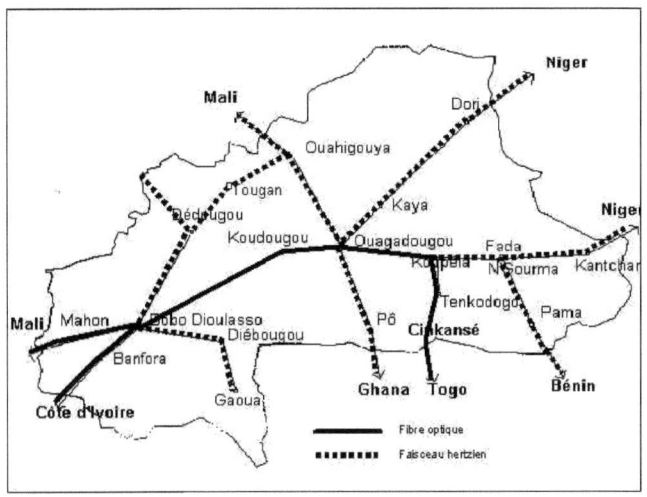

(Source : étude INTELCON 2005)

NB : certaines lignes sont actuellement transformées en FO (fibre optique)

Présentement, environ quinze (15) fournisseurs privés se partagent le marché des fournisseurs d'accès Internet. Certains fournisseurs ont arrêté de fournir le service Internet en raison de difficultés de tout ordre dont l'une les plus cités est la concurrence déloyale menée par l'opérateur historique qui est l'ONATEL. La DELGI qui gère en même temps les noms de domaines .bf, a un serveur utilisé pour l'administration et l'Université de Ouagadougou utilise son serveur pour le milieu de l'enseignement et de la recherche à travers le réseau RENER (réseau éducation Recherche). Parmi les fournisseurs privés, FASONET en situation de quasi-monopole est la seule qui a l'opportunité d'offrir des connexions sur tout le territoire national, les autres étant obligés de se contenter de la seule capitale. En ce qui concerne les accès publics comme les centres polyvalents multimédias à vocation sociale, ils sont également concentrés dans la capitale.

- Réseau des PAJE, point accès aux inforoutes pour la jeunesse (11)
- Réseau ADEN Appui au désenclavement numérique (16)
- Réseau IICD (5: Pag La Yiri, Songtaaba, Sahel Solidarité, IABER, FEPPASI),
- Cyber Jeunesse Oxfam Québec
- Initiatives RECIF ONG, TIN TUA…
- Les maisons de TV5
- Association Yam Pukri (5 centres)

Le paysage de la téléphonie mobile est animé par trois (3) entreprises (opérateurs) dont une, filiale de l'opérateur national ONATEL.

TELMOB a été une des premières à s'installer en 1996. L'arrivée des autres opérateurs (TELECEL et CELTEL) en 1999 et 2001 a permis d'accroître sensiblement le nombre d'abonné, la couverture nationale ainsi que de baisser les prix.

Le graphique suivant présente les évolutions du téléphone fixe et GSM au Burkina Faso.

Graphique N°02: Abonnés au téléphone fixe et mobiles du Burkina Faso

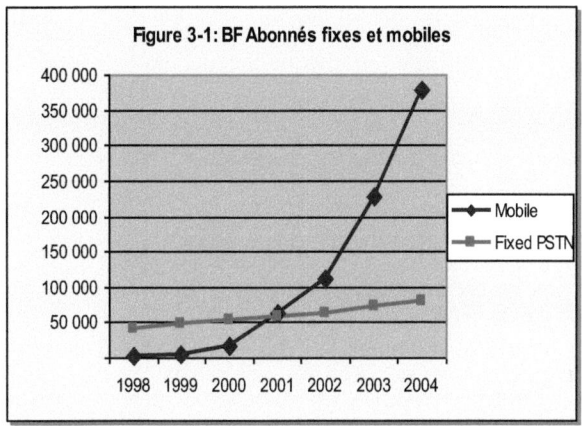

(Source: Etat des lieux des technologies de l'information et de la communication et l'aménagement du territoire au Burkina Faso – Sylvestre Ouédraogo, 2007).

Ce potentiel se traduit par une offre de services de plus en plus pertinents notamment pour l'accès à l'information.

1.3 Des expériences en matière d'accès aux informations sur les produits agricoles et pastoraux existent

1.3.1 RESIMAO - Statistiques des prix des agences officielles de l'Afrique de l'Ouest

Le RESIMAO est un réseau de systèmes d'information articulé autour du Bénin, du Burkina Faso, de la Côte d'Ivoire, de la Guinée, du Niger, du Mali, su Sénégal, du Togo et du Nigeria. Ensemble ils fournissent aux acteurs concernés des informations à jour et précises sur 400 produits de marchés agricoles urbains et ruraux. Le réseau surveille le développement du secteur agricole à travers la collecte et la publication de données s'appuyant sur des statistiques et des rapports d'analyses.

Le RESIMAO a pour objectif de contribuer à la sécurité alimentaire et à la réduction de la pauvreté. Le réseau ambitionne aussi de faciliter une meilleure prise de décision commerciale par tous les acteurs, en leur fournissant un accès équitable à l'information stratégique à travers une gestion et une communication des données et des informations actuelles efficace.

De manière spécifiques, le RESIMAO ambitionne de:

— Harmoniser les méthodes de collecte, de traitement et de diffusion des données par les SIM
— Mettre à disposition de tous les acteurs, l'information en temps réel, pour une meilleure prise de décision afin de contribuer au développement et à la fluidification des échanges commerciaux sous régionaux pour une sécurité alimentaire durables
— Favoriser l'autonomie, l'émergence et la pérennité des systèmes d'information nationaux membres, en constituant un groupe de pression et de plaidoirie auprès des décideurs politiques, administratifs, législatifs et juridiques
— Favoriser la prise de décisions relatives à la production, la transformation et la commercialisation de produits agricoles et agro-alimentaires par les gouvernements et les institutions régionales en Afrique de l'Ouest
— Contribuer à l'amélioration des revenus des acteurs du monde rural
— Contribuer au développement de l'espace commercial africain, des produits agricoles et agro-alimentaires grâce à l'harmonisation des politiques et réglementations régionales nationales
— Contribuer au renforcement des capacités techniques et professionnelles des organisations d'opérateurs économiques en relation avec les activités du marché agricole
— Collaborer avec les organisations régionales, nationales, et internationales, ayant des objectifs similaires
— Favoriser la convergence des SIM d'un même pays vers une synergie d'actions autour du SIM public considéré comme point focal

Le réseau mène les activités et proposent les services suivants:

— Mise à disposition d'informations en temps réel sur les paramètres des marchés (prix, quantités, etc.) grâce à un Suivi permanent des marchés
— Etudes et enquêtes sur les produits agricoles et la sécurité alimentaire
— Informations sur les opportunités d'affaires
— Mise en relation des opérateurs
— Collecte des données, saisie, analyse et diffusion des informations

— Edition d'annuaires sur les prix et de bulletins hebdomadaires, mensuels et semestriels

— Echanges hebdomadaires des prix par Internet entre pays membres du RESIMAO

Tout SIM candidat à l'adhésion au Réseau doit adresser une demande écrite motivée au coordinateur du RESIMAO. Cette demande est soumise à l'examen lors de la prochaine rencontre des membres du RESIMAO.

Graphique N° 03: Capture d'écran de la plateforme du RESIMAO

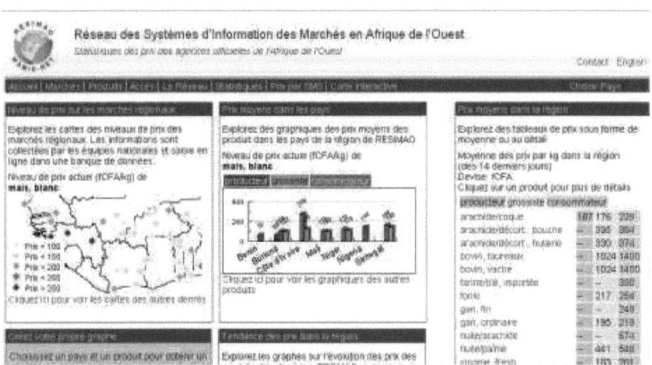

(Source: RESIMAO/Région – Le réseau [en ligne] http://www.resimao.org/html/fr/region/network , consulté le 10/05/2007)

Nous avons expérimenté le service d'alerte SMS proposé par le RESIMAO. Il manque du dynamisme pour ce qui concerne la partie bétail. Nous n'avions reçu aucun SMS un mois après avoir souscrit au service.

1.3.2 *West Africa Agric Trade Network – MISTOWA*[1]

MISTOWA, Réseau Régional de Systèmes d'Information de Marché et de Commerce Agricole en Afrique de l'Ouest est un programme de IFDC (International Fertilizer Development Center) qui a pour objectifs:

— Le renforcement des capacités institutionnelles des associations de producteurs et de commerçants, notamment en finançant des voyages d'études et des participations à des salons ;

---

[1] http://www.mistowa.org/fr.php

— Le renforcement des systèmes d'information de marché (SIM) existants et l'appui à la création de nouveaux Sim ;

— Le développement du commerce intra-régional, plus flexible d'un point de vue réglementaire.

Au niveau de la CEDAO, le projet Mistowa dispose de représentations nationales au Sénégal, Mali, Togo, Bénin, Ghana, Burkina Faso et au Nigéria.

Il est mis en œuvre par IFDC et financé sur le programme régional d'USAID pour l'Afrique de l'Ouest. Le programme MISTOWA s'appuie sur les systèmes nationaux d'information de marché (la SONAGESS pour le cas du Burkina Faso).

En ce qui concerne la diffusion des informations de marché collectées auprès des SIM, elle se fait en premier lieu via Internet par un portail dédié, Agritrade dont l'URL est http://www.wa-agritrade.net, la radio, les affiches, les bulletins mensuels et la téléphonie mobile.

Le volet Diffusion des informations par SMS est fonctionnel à partir de la base de Accra au Ghana. Il est assuré par TradeNet, une compagnie privée basée à Accra au Ghana. TradeNet met à disposition une plateforme dans laquelle les fermiers et les commerçants à travers le monde peuvent partager des informations sur les marchés à travers les réseaux de téléphonie mobile et l'Internet. TradeNet travaille en partenariat avec des projets financés sur fonds publics Mistowa USAID, CGIAR et Foodnet en Ouganda. TradeNet a été conceptualisé et développé par BusyLab.

Actuellement les services de TradeNet sont pour l'essentiel gratuits[1] et nécessitent un enregistrement et la fourniture d'un numéro de téléphone cellulaire.

Une fois l'inscription approuvée, une panoplie de service vous est proposée:

— Offres d'achat et de vente (recevoir une offre d'achat ou de vente à partir du site web ou SMS, mettre en ligne les siennes pour envoyer à des milliers de personnes)
— Des prix du marché à temps réel
— Des alertes SMS sur votre téléphone portable
— Des sites web gratuits pour les utilisateurs
— Sites web gratuits pour les associations
— Marketing ciblé par email ou SMS
— Flux rss

TradeNet étant une entreprise privée, il va s'en dire que la question de pérennité du service et des coûts des prestations notamment liés au SMS se posera.

Graphique N° 04: Une capture d'écran de TradeNet

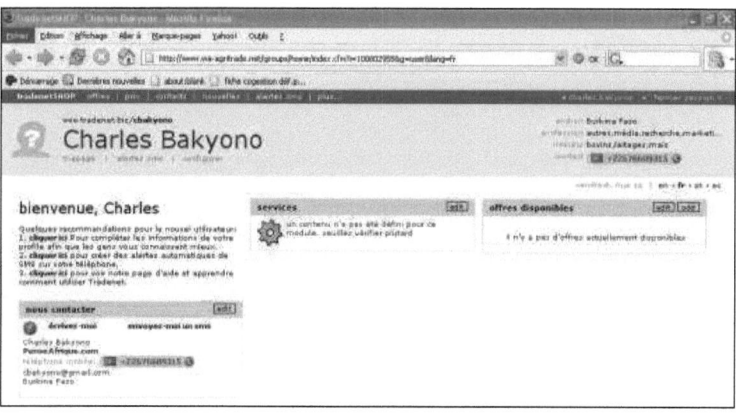

(Source: TradeNetShop – Charles Bakyono [en ligne]

http://www.wa-agritrade.net/groups/home/index.cfm?i=100002955&g=user&lang=fr consultée le 11/05/07)

---

[1] Les conditions d'utilisation de Tradenet sont disponibles à cette url: http://www.wa-agritrade.net/groups/help/terms/useragreement.cfm (C'est tout en anglais....Eh oui!)

Nous avons souscris pour bénéficier des services de la plateforme. Un SMS nous a été envoyé pour confirmer notre inscription et nous avons par la suite reçu une alerte pour une offre de vente de taureaux. Cela traduit, nous supposons une réelle utilisation des services. Nous déplorons toutefois, la non prise en compte qualitative du français; le mot de bienvenu ainsi que l'alerte envoyés par SMS était libellés en anglais.

Il y a peu ou pas du tout de modération des posts qui sont faites sur la plateforme. Comment alors distinguer une offre sérieuse d'une simple plaisanterie ou escroquerie?

1.3.3 SMS-Banking de ECOBANK

SMS-banking est un service d'accès aux informations d'un compte bancaire par la fonctionnalité SMS du téléphone cellulaire. Les informations accessibles par le service SMS-banking de ECOBANK Burkina sont: le solde du compte, le relevé de compte, la demande de chéquier, la demande de carte bancaire, les mouvements du compte. Les services du SMS-banking sont accessibles à tout titulaire de comptes (épargne, courant, commercial) à ECOBANK.

ECOBANK est un partenaire du marché à bétail et ce service peut être une opportunité dans l'initiation des acteurs du marché aux usages du SMS. Il est toutefois déplorable que ce service ne puisse pas permettre de transaction financière. Il aurait peut-être davantage suscité plus d'intérêt auprès des acteurs du marché à bétail.

1.3.4 Institut Africain de Bio-Economie Rurale - Observatoire Economique des Marchés Agricoles[1]

L'Institut Africain de Bio-Economie Rurale (IABER) est une organisation de droit privé burkinabé qui a été créé au cours de l'année 2000 par un chercheur en économie rurale, Ouédraogo Ferdinand à l'époque consultant d'un programme de la coopération néerlandaise dans la région du Centre Ouest du Burkina Faso.

Cet Institut avait été créé dans l'ultime besoin de pouvoir assurer une promotion du projet Observatoire Economique des Marchés Agricole (OEMA) qui est un système d'Information de proximité sur les marchés à l'aide de panneaux d'interférence et de signalisation économique.

En tant que structure de recherche, de formation, d'innovation et d'appui-conseil spécialisée sur les systèmes d'information l'IABER s'est fixé les objectifs suivants :

Objectif global: Contribuer à la lutte contre la pauvreté à travers le développement d'une économie de marché équitable et dynamique.

Objectifs spécifiques:

— Améliorer les revenus et valoriser la production agricole et l'artisanat en milieu rural et périurbain ;
— Favoriser la concurrence, la transparence et l'équité dans les échanges commerciaux ;
— Augmenter les transactions économiques et la disponibilité des produits - notamment agro-alimentaires - sur les marchés au niveau national ;
— Renforcer les capacités des différents acteurs du développement en milieu rural et périurbain ;

---

[1] Source: Site Web de l'Institut Africain de Bio-Economie (IABER) - http://www.iaber.bf/presentation.htm , consulté 11/05/2007

— Identifier les possibilités de développement des filières agro-alimentaires ;
— Identifier les opportunités d'affaires en milieu rural et urbain et renforcer les capacités de négociation des opérateurs économiques.

Graphique N° 05: Capture d'écran du site Web de l'IABER

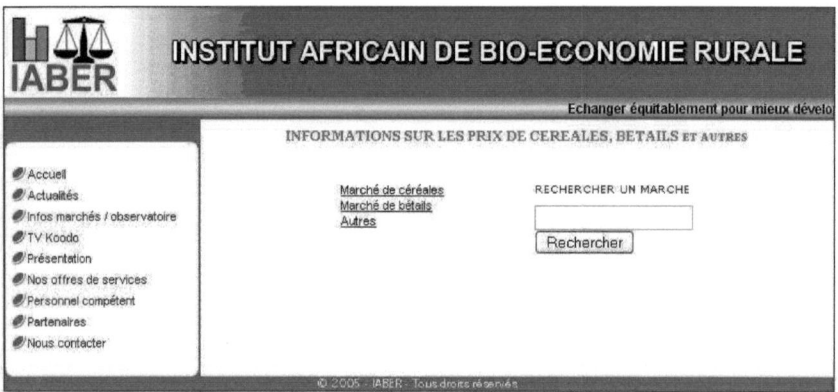

1.4 L'Est du Burkina Faso: une région et une ville avec des atouts

La commune urbaine de Fada N'Gourma est située au centre de la province du Gourma dont elle constitue l'une des six (06) communes. Sa superficie est estimée à 3 400,2 km² selon les informations de la Direction régionale de l'économie et du développement de l'Est.

La ville de Fada N'Gourma est le chef-lieu de la commune ; elle est également le chef-lieu de la province du Gourma et de la région de l'Est du Burkina Faso. Fada est situé à 220 km de Ouagadougou la capitale du Burkina, sur l'axe Ouagadougou – Niamey/Niger.

Elle est limitée :

— Au Nord par la commune rurale de Yamba,
— Au Sud par la commune urbaine de Pama et la province de Koulpélogo,
— A l'Est par la commune rurale de Matiakoali

— A l'Ouest par les communes rurales de Diapangou et Diabo.

1.4.1 Une économie locale dynamique soutenue par l'élevage

L'activité agricole est la principale source de revenus des populations de cette région de l'Est du Burkina Faso. Elle occupe plus de 80% des actifs de cette région de l'Est du Burkina Faso. Cependant l'on note depuis 1998 une expansion des activités non agricoles. En effet, de 1998 à 2003, le pourcentage des ménages tirant leurs revenus de l'agriculture et de l'élevage est passé de 59,2% à 62,3%. Ce pourcentage est passé de 26,2% à 29,8% pour les revenus non agricoles.

L'agriculture est de type familial et traditionnel, itinérant, extensif et faiblement mécanisé. Les conditions naturelles de la région permettent l'exploitation d'une gamme variée de cultures vivrières, de rente et d'arboriculture.

L'élevage constitue la deuxième activité du secteur primaire après l'agriculture. La région détient une part importante dans la production nationale. Les effectifs du cheptel témoignent de l'importance de l'activité dans la région. Selon les résultats de l'ENECII en 2003, la région compte 831 233 bovins, 686 238 ovins 1.062.222 caprins, 1 830 682 poules...soit 11,36% des bovins, 10,23% des ovins, 10,58% des caprins et 7,10% de la volaille ce qui confirme bien qu'elle est une importante zone d'élevage.

L'activité d'élevage vise trois objectifs essentiels :

— Assurer la sécurité alimentaire du ménage en cas de déficit céréalier ;
— Servir d'épargne ;
— Satisfaire les besoins financiers immédiats du ménage ;

Il est de type extensif et utilise très peu les sous-produits agro-industriels (SPAI). De même, on note une faible vaccination et déparasitage des animaux même si des améliorations sont constatées depuis quelques années.

La production de petits ruminants et de volaille est une activité qui se pratique à plus ou moins grande échelle selon les familles. En ce qui concerne les ruminants, ils sont nourris en saison pluvieuse par l'abondant pâturage naturel constitué essentiellement d'herbes fraîches. En saison sèche, ils sont nourris aux sous-produits agricoles et dans une moindre mesure au fourrage produit dans les champs familiaux ou achetés sur le marché. La volaille bénéficie de moins de soins puisqu'elle est quasiment abandonnée dans la nature.

La production extensive de bovins bénéficie de la relative abondance du pâturage pendant une bonne partie de l'année. Lorsque le pâturage commence à se raréfier, les animaux sont conduits en transhumance vers le Togo et le Bénin voisins d'où ils reviennent à partir de juin.

La commercialisation des animaux se fait pour l'essentiel à travers le marché à bétail de Fada N'Gourma qui est le marché à bétail le plus important de la région. Sur ce marché se rencontrent des acheteurs venus du Burkina (Pouytenga principalement) et de pays voisins (Bénin, Togo, Nigeria, Ghana surtout).

Au niveau régional, la province de la Gnagna est la plus grande zone d'élevage. Elle concentre 51, 14% des effectifs de bovins, 38,60 % des ovins et 47,17% des caprins. La Gnagna est suivi par la Tapoa avec respectivement 21,56% ; 32,72% et 43,81%. La dernière zone d'élevage est la Kompienga qui constitue une zone de transit selon les chiffres du document du "Cadre Stratégique de Lutte contre la Pauvreté – Région de l'Est par le Ministère de l'Economie et du Développement, 2005.

La région compte plusieurs marchés à bétail : dont ceux de Fada, de Kantchari, Bogandé et Diapaga, Tanwalbougou, Piéga, Matiacoali, Manni, Kodjéna, Bilangayanga, Kompienga, et Nadiaboanly.

Tableau N° 01 : nombre moyen d'animaux présentés sur le marché à bétail de Fada par jour de marché

	Année 2004				Année 2005				Année 2006	
	Bonne période		Mauvaise période		Bonne période		Mauvaise période		Bonne période	
	Présentés	Vendus	Présentés	vendus	Présentés	vendus	Présentés	vendus	Présentés	vendus
Bovins	1103	927	654	623	1067	937	571	499	814	577
Ovins	145	129	132	123	147	129	121	103	209	182
Caprins	116	103	106	93	146	130	119	102	196	173

(**Source** : Comité de gestion du marché (2007))

Les activités commerciales sont relativement développées dans la commune de Fada et précisément au niveau de la ville. Elles sont soutenues à la fois par la bonne production agricole qui génère des excédents commercialisables, le dynamisme de la production animale, et la proximité des frontières du Togo, du Bénin, du Niger, du Nigeria et du Ghana qui favorisent les échanges. Le commerce est également favorisé par l'existence d'infrastructures marchandes importantes.

L'Etat burkinabé a par ailleurs acquis les financements nécessaires pour la mise aux normes internationales de l'abattoir de Ouagadougou en le dotant de capacités en production de viandes congelées. Un deuxième abattoir aux mêmes normes sera construit à Bobo-Dioulasso. Ces investissements ont pour objectif d'apporter des réponses à une forte demande internationale en viandes congelées.

La dernière enquête burkinabé sur les conditions de vie des ménages (EBCVM) réalisée par L'INSD en 2003, indique une diminution de la pauvreté dans la région de l'Est de 5,7 points au-dessus de la moyenne nationale. Mais l'analyse de la situation socioéconomique de la région montre d'une part, une sous exploitation des possibilités économiques particulièrement les activités non agricoles, et d'autre part, une insuffisance des infrastructures économiques et sociales et leur inégale répartition entre les provinces. Une telle situation traduit les efforts à entreprendre pour accroître et développer les productions agropastorales, augmenter et améliorer la qualité des infrastructures socioéconomiques de base.

Chapitre 2 -   Le nouveau marché à bétail de Fada: Un potentiel

sous-exploité

Le marché à bétail de Fada N'Gourma est l'un des plus grand et assurément le plus impressionnant par l'ampleur de ses infrastructures et la qualité des services prévus ou déjà en place. Il a une capacité d'accueil de plus de huit milles (8 000) têtes. Outre les box pour accueillir les animaux, le marché dispose d'infrastructures pour le commerce général, la restauration, l'administration, des guichets de banques, des chambres, des dortoirs, des quais d'embarquement, etc. La clientèle du marché est constituée pour l'essentiel d'intermédiaires (exportateurs traditionnels), d'acheteurs venus de marchés frontaliers de pays voisins (Bénin, Ghana, Niger, Nigeria, Togo), de bouchers et d'acheteurs ponctuels. Le marché n'est donc pas fréquenté par des acheteurs professionnels.

Malgré ses infrastructures modernes nouvellement acquises, la dynamique des acteurs du marché, sa position stratégique et le potentiel de la région en termes d'importance du cheptel, le marché à bétail de Fada N'Gourma, a une gestion notamment en marketing qui demeure traditionnelle sous exploitant ainsi ce potentiel. Aucune action de marketing notable n'a été mise en place dans le cadre de la promotion du marché. Un voyage de prospection a été organisé au Togo à cet effet, mais aucun système de suivi des contacts établis n'a été mis en place.

Le marché et ses potentialités demeurent méconnus même au Burkina Faso.

Alors, quelles actions entreprendre et quels services mettre en place au sein et autour du marché à bétail pour lui permettre de jouer son rôle de véritable outil de développement créant des revenus et des emplois dans l'Est du Burkina Faso ?

2.1 Les objectifs

2.1.1 Objectif principal

L'objectif de notre présent travail vise donc à proposer des solutions en termes d'actions, de services et de fonctionnalités reposant sur les TIC pour la promotion du marché à bétail de Fada N'Gourma.

2.1.2 Objectifs spécifiques

Comme objectifs spécifiques, le présent projet à pour ambition de :

— développer des services TIC au profit du rayonnement du marché à bétail de Fada N'Gourma comme marché régional pour les produits de l'élevage en Afrique de l'Ouest ;
— créer de nouveaux emplois liés notamment aux TIC autour des activités du marché à bétail et/ou renforcer les métiers traditionnels de la filière.

2.2 Hypothèses de travail

Les TIC offrent un ensemble d'outils et services efficaces pour une meilleure commercialisation des produits de l'élevage et pour la promotion du marché à bétail de Fada N'Gourma comme une des références en Afrique de l'Ouest.

A travers une bonne présentation des produits et services du marché, on peut parier sur une meilleure connaissance des atouts du marché et de ses produits par des clients à la fois nationaux, de la sous-région et hors du continent africain.

Cette présentation donnera:

— L'offre en matière de bétail en termes de quantité ;
— L'offre de bétail en termes de qualité notamment pour ce qui concerne les aspects sanitaires ;
— Les facilités administratives et financières ;

— Les commodités d'accueil pour des séjours dans la ville de Fada N'Gourma.

La diversité et le nombre important d'acheteurs visés par cette action de marketing devront se traduire par une amélioration de la demande en animaux notamment en termes de prix d'achat. De même, les TIC en réduisant les distances entre le marché et ses clients permettra grâce à des échanges permanents d'offrir des produits et services sur mesure, atteindre plus de clients tout en stimulant la production. Cette idée d'intégration des TIC cadre parfaitement avec la politique du Burkina en la matière.

Nous pensons de même qu'il est possible de trouver au sein des acteurs ou dans leur environnement des compétences (avec des actions de renforcement) et une volonté pour adopter une utilisation efficace des TIC.

2.3 Les résultats attendus

Au regard du contexte décrit ci-dessus et des ambitions des acteurs du marché à bétail de Fada N'Gourma ce sont des résultats concrets et mesurables qui sont attendus. Les plus significatifs sont:

— une meilleure connaissance du marché à bétail de Fada tant au niveau national que international ;
— la fréquentation du marché par de nouveaux clients notamment professionnels ;
— l'amélioration de la capacité des producteurs et courtiers à répondre à la demande en termes de quantité, de qualité et de réactivité ;
— une amélioration des capacités des acteurs et la dynamisation du secteur par la création de nouveaux métiers ;
— la modernisation des métiers traditionnels de la filière ;
— la création de nouveaux métiers et emplois utilisant les TIC ;
— l'amélioration de l'accès aux TIC et de leurs usages par les acteurs.

33

2.4 Les bénéficiaires du présent projet

Le marché à bétail est surtout animé par les courtiers, les exportateurs et leurs organisations. L'essentiel des services envisagés dans le cadre de la présente étude touche directement la fonction de courtage et celle de l'export afin de les rendre plus efficace. En plus des courtiers, notre travail touchera également:

— les éleveurs (producteurs de bétail) ;
— les courtiers ;
— les exportateurs ;
— différentes associations d'éleveurs de courtiers et d'exportateurs ;
— les prestataires de services auprès du marché dont les cabinets de vétérinaires et banques ;
— le comité de gestion du marché ;
— l'administration du marché ;
— la commune de Fada N'Gourma ;
— les partenaires techniques et financiers du marché.

2.5 Une multiplicité de partenaires

2.5.1 Les Partenaires institutionnels

La mairie de Fada N'Gourma

La mairie est propriétaire des infrastructures du marché à bétail et de ce fait, elle est la principale bénéficiaire des recettes du marché après prélèvement des coûts de fonctionnement de l'EPCD.

L'accès public à Internet au sein de la commune intéresse la mairie qui pourrait s'associer à la réalisation des infrastructures nécessaires en synergie avec la dynamique de l'intégration des TIC au niveau du marché à bétail.

La Coopération Suisse: Direction du Développement et de la Coopération (DDC)

Dès 1992, la DDC a commencé à appuyer des initiatives locales, publiques ou privées, constituant une sorte d'avant-garde à la décentralisation pour la mise en place de mécanismes de gouvernance et de gestion locale du bien public.

Le Programme de Développement de Villes Moyennes (PDVM) est un programme de l'Etat Burkinabé visant à faire des villes moyennes des pôles de développement régionaux. L'appui suisse vise à accompagner les collectivités locales pour renforcer leur capacité à impulser et gérer un développement local. L'accent est mis sur la maîtrise d'ouvrage local dans la conception et la réalisation d'infrastructures marchandes, génératrice de revenus durable pour la commune, et vecteur de dynamisation économique. Grâce à la construction d'infrastructures marchandes publiques et à leur efficace gestion, les ressources financières des communes augmente, ce qui leur permet ensuite d'investir dans des réalisations utiles à la collectivité. Ce programme a un impact important sur le tissu des petites et moyennes entreprises des communes concernées puisque les constructions sont réalisées en matériaux locaux avec des petites entreprises locales.

L'appui suisse porte sur les villes de Ouahigouya (depuis 1992), de Fada N'Gourma en 1997 et Koudougou en 1996. La phase en cours ambitionne de créer les conditions cadre d'une consolidation des acquis et de pérennisations mécanisme mis en place.

La DDC soutient également un processus d'analyse des économies locales (ECOLOC), et sa mise en œuvre dans les communes de Koudougou et Ouahigouya.

2.5.2 *Partenaires techniques et financiers*

La Cellule d'Appui à la Gestion Communale (CAGEC)

L'AGEC est la 7ème phase de l'appui Suisse au Programme de Développement des Villes Moyennes (2004-2008). C'est une phase de consolidation des acquis qui s'inscrit dans la continuité des objectifs, des axes d'intervention et de la stratégie des phases précédentes.

L'objectif général de l'AGEC est d'apporter des appuis aux communes pour la mise en place des conditions techniques, institutionnelles et financière nécessaires à une maîtrise de leur développement dans un contexte de démocratie et de décentralisation.

Les principaux axes d'intervention sont:
— la réalisation et la gestion d'infrastructures marchandes ;
— l'appui institutionnel ;
— l'assainissement ;
— la coordination et dialogue politique.

La stratégie d'intervention de l'AGEC privilégie la mise en place et le développement de mécanismes d'autofinancement de la commune : le financement des infrastructures n'est pas un don mais plutôt une subvention à la commune amortie sur 25 ans par l'exploitation des ouvrages. Une partie des recettes des infrastructures doit contribuer à alimenter un Fond d'Appui au Développement Communal (le FADEC) mais aussi participer au fonctionnement de la mairie et de l'EPCD.

L'Etablissement Public Communal pour le Développement Communal (EPCD)

Le décret n°92-134/MFP/MAT du 26 mai 1992 portant autorisation de création des EPCD au sein des municipalités et son modificatif le décret n°94-366/PRES/MAT portant modification de certaines dispositions du décret n°92-134/MEF/MAT apparentent cette structure à un Etablissement Public à caractère Administratif (EPA). Les EPCD sont définis comme « *des établissements publics administratifs créés par les municipalités possédant une personnalité juridique propre, jouissant d'une autonomie financière et dont le patrimoine ne peut être dissocié de celui des municipalités qui les ont créés* »

L'EPCD a d'abord été une structure d'exécution de Programme et s'est ensuite positionné, en 1995, comme le maître d'ouvrage délégué de la Mairie devant réaliser, pour le compte de la commune, l'ensemble des infrastructures et activités retenues conjointement pour promouvoir le développement de la ville.

L'EPCD fonctionne avec un directeur et des assistants techniques, il est supervisé par un conseil d'administration présidé par le maire. Ses activités sont soumises au vote du conseil municipal.

Les volets d'activités développés au sein des EPCD concernent la réalisation et la gestion d'infrastructures (marchands et sociaux), l'assainissement, des appuis institutionnels, la planification et des appuis aux PME/PMI.

2.5.3 Les autres partenaires

L'International Institut for Communication and Development (IICD[1]) et Burkina NTIC

La mission de l'Institut International pour la Communication et le Développement (IICD) est d'assister les pays en développement dans la réalisation du développement durable par l'appropriation locale du potentiel des Technologies de l'Information et de la Communication (TIC). Avec ses organisations partenaires, IICD aide les intéressés locaux à estimer les usages potentiels des TIC dans le développement. Il renforce aussi les compétences des partenaires locaux dans les pays sélectionnés pour formuler, exécuter et gérer les politiques de développement et les projets qui utilisent les TIC (http://www.iicd.org).

Les objectifs de l'IICD sont de:

— permettre aux organisations locales intéressés de se servir efficacement des TIC selon leurs propres conditions;
— catalyser les leçons apprises et le partage des connaissances sur les TIC en mettant en relation les organisations locales et la communauté internationale.

Pour garantir la durabilité des résultats et la satisfaction des besoins locaux, IICD applique six principes directeurs: appropriation locale, réponse à la demande, engagement multipartite, renforcement des capacités, partenariats et le principe apprentissage-par-la pratique.

Les Programmes-Pays de IICD impliquent des partenaires publics et privés, des ONGs et des partenaires locaux qui travaillent dans des secteurs spécifiques. Dans chaque pays, IICD soutient des projets ayant pour objectif de permettre

---

[1] http://www.iicd.org/francais/

aux partenaires locaux de comprendre et d'appliquer les TIC dans leur propre cadre, de partager les connaissances sur l'usage effectif des TIC et de contribuer à des dialogues nationaux sur les politiques et priorités des TIC. A ce jour, IICD est actif dans les pays suivants: Bolivie, Burkina Faso, Equateur, Ghana, Jamaïque, Mali, Tanzanie, Ouganda et Zambie.

Burkina NTIC[1] est une initiative soutenue par IICD au Burkina Faso et pourrait à travers ce canal soutenir le présent projet.

Partenaires Fournisseurs d'Accès Internet

Fondée en 2004, **GIGANET**[2] se présente comme une entreprise privée offrant des produits et des services personnalisés, spécialisés, novateurs et performants dans les secteurs des technologies de l'information, des télécommunications, de l'Internet et de la télévision interactive (TVI). Elle offre une gamme de services notamment de connexion haut débit (par Boucle Locale Radio, Vsat, et Courant Porteur en Ligne). Giganet a réalisé des installations notamment Vsat en zone rurale et dans des villes secondaires. Leur expérience nous sera utile dans le cadre du présent projet. Cette société n'est pas présente dans la ville de Fada N'Gourma.

Fasonet[3] est le service chargé de la fourniture d'accès à Internet de l'opérateur historique en télécommunication du Burkina Faso: Office Nationale des Télécommunications (ONATEL). Fasonet est le gestionnaire du nœud national d'accès à Internet et gère par ailleurs les noms de domaine en .bf pour le compte

---

[1] http://www.burkina-ntic.org/

[2] http://www.giganet-bf.com/

[3] http://www.fasonet.bf

de l'Etat du Burkina Faso. Elle fournit deux cyber cafés dans la ville de Fada N'Gourma par ligne spécialisée actuellement.

ALINK Telecom[1], membre du Groupe Atlantique a démarré ses activités au Burkina Faso en 2006. Alink Telecom offre une large gamme de services de transfert de données, Voix, Images et d'accès à Internet sur des supports VSAT, BLR, Fibre optique, ADSL. La société est présente à Ouagadougou la capitale du Burkina Faso, mais envisage la couverture des villes de Bobo-Dioulasso et Dédougou dans les prochains mois.

Dans le cadre de notre travail et suite aux échanges avec le maire de Fada N'Gourma des démarches ont été entreprises auprès de Alink Telecom pour la couverture de la ville de Fada par les services de Alink.

2.6 Forces, Faiblesses, Opportunités, Menaces (FFOM) une méthodologie adaptée

FFOM (Forces-Faiblesses-Opportunités-Menaces), SWOT en anglais (Strengths-Weaknesses-Opportunities-Threats) est une méthode d'évaluation à travers un tableau à remplir le plus souvent en discussion de groupe. C'est la méthodologie que nous avons adoptée pour l'analyse de l'état des lieux pour le présent projet.

Le tableau suivant présente le principe de cette méthodologie SWOT.

---

[1] http://www.alinktelecom.bf

Tableau N° 02: Présentation de la méthode FFOM

Forces	Faiblesses
Quelles sont les forces internes de notre projet/ du marché à bétail/ des acteurs?	Quelles sont les faiblesses internes de notre projet/ du marché à bétail/ des acteurs?
Opportunités	**Menaces**
Quelles sont les occasions extérieures et conditions extérieures favorables à saisir pour réussir le présent projet?	Quelles sont les menaces extérieures à prévenir ou à juguler pour éviter un fiasco au présent projet?

Force: C'est une capacité (individuelle ou collective), une compétence distinctive, un pouvoir qui procure un avantage différentiel au projet ou à la structure (exemple: infrastructure moderne, volonté des acteurs pour le changement).

Faiblesse: C'est une défaillance, un manque de résistance ou de capacité, souvent une fragilité qui est susceptible de créer un handicap dans un domaine d'activité donné pour le succès du projet (exemple: niveau d'alphabétisation faible, non utilisation des outils financiers modernes).

Opportunité: C'est une circonstance ou une occasion qui vient à se présenter dans l'environnement (exemples: une évolution du marché, une innovation technologique, une législation favorable).

Menace: C'est un problème posé par une tendance défavorable ou une perturbation de l'environnement, susceptible d'affecter les activités et qui, en l'absence d'une réponse réfléchie et approprié conduirait à une ruine du projet envisagé (exemples: développement de l'insécurité sur les routes, troubles politiques)

Notre exercice FFOM s'est appuyé sur des outils de recherche et de collecte d'information présentés ci-dessous. Il n'a pas été possible d'envisager des discussions de groupes au profit de cette analyse FFOM. Les acteurs ont été particulièrement sollicités pendant les mois précédents notre étude et nous avons évité de les braquer davantage par la convocation de focus groupe.

2.6.1 La revue documentaire

Notre recherche documentaire nous a permis une meilleure compréhension du contexte de la filière de l'élevage au Burkina Faso et plus particulièrement à l'Est. Les documents consultés sont essentiellement des études monographiques de la région, des études réalisées dans le cadre de la mise en œuvre du PDVM, des études statistiques, des études relatives à la commercialisation des produits agricoles et des études relatives à l'usage des TIC dans la commercialisation des produits agricoles. Toute cette documentation que nous avons pu consulter est assez riche et nous a permis de décrire le contexte du projet.

2.6.2 Les enquêtes

Le travail d'enquête a touché quarante un (41) acteurs du marché à bétail (courtiers, exportateurs et commerçants). Les courtiers et exportateurs étant généralement eux-mêmes éleveurs, nous n'avons pas été dans les villages pour des enquêtes auprès des éleveurs. Les acteurs avaient été particulièrement

42

sollicités dans le cadre de diverses études liées à la réalisation des infrastructures ainsi qu'à la mise en place d'un nouveau système de gestion au marché à bétail. Le système de gestion mis en place tendant à bousculer les anciennes habitudes, c'est dans un climat de relative méfiance que le travail d'enquête devait être mené.

Notre questionnaire de cinq (5) pages a été élaboré à l'aide d'une version d'évaluation du logiciel d'enquête ETHNOS. Il a été administré de concert avec une personne ressource mise à disposition par l'EPCD. Les compétences acquises dans la mobilisation des acteurs autour du projet de construction du marché à bétail par cette ressource et sa familiarité avec le milieu par ses origines familiales ont été d'un grand concours pour l'obtention d'un climat de confiance dans la collecte des données et des échanges.

2.6.3 *Les entretiens*

Les entretiens ont concerné les responsables ou représentants de l'administration, de structures d'appui, d'organisations socio professionnelles, de prestataires de services et de leaders d'opinion. Les structures concernées et personnes concernées sont les suivantes:

— le ministre des ressources animales du Burkina Faso ;
— le maire de la ville de Fada N'Gourma ;
— le directeur régional des ressources animales de l'Est ;
— le coordonnateur de la Cellule d'Appui à la Gestion Communale ;
— le gestionnaire de la Cellule d'Appui à la Gestion Communale (CAGEC) ;
— le directeur de l'EPCD ;
— le contrôleur financier de Fada N'Gourma (ministère des finances)
— l'inspecteur du Trésor chargé des collectivités locales à la Direction Régionale du Trésor de l'Est ;
— le chef de l'Agence BACB de Fada N'Gourma ;
— un responsable du service SMS-Banking de ECOBANK Ouagadougou ;

— un responsable technique de TELECEL Ouaga ;

— le directeur général et un agent commercial de Alink telecom

— le représentant des vétérinaires de Fada N'Gourma auprès du comité de gestion du marché à bétail

— le Président du RECOPA

— le secrétaire général de l'association des exportateurs de bétail de Fada N'Gourma ;

— le gestionnaire du marché à bétail ;

— le responsable du bureau d'études OPTIMA CONSEILS.

2.6.4 Les veilles

Nous avons mis en place une veille environnementale, concurrentielle et technologique sur Internet en vue de récolter des informations relatives à la diffusion des informations relatives aux produits agricoles et à l'usage des TIC pour cela. Nous nous sommes attachés à trouver des réponses aux questions suivantes:

— (environnement): existe-t-il un potentiel en matière de diffusion d'informations relatives aux produits de l'élevage?

— (concurrentiel): Existe-t-il des expériences similaires à notre projet ? – Quelles stratégies ont été mises en oeuvre? – Qu'en pensent les usagers? - Quelles leçons tirées de l'expérience de ces pionniers?

— (technologique): Quels services en matière de technologies sont disponibles actuellement pour répondre aux besoins de notre projet? – Existe-t-il des projets d'améliorations de la technologie et notamment pour l'accès à Internet Fada N'Gourma? – Quels technologies adaptées et pertinentes pour soutenir la mise en œuvre du présent projet?

2.6.5 Le dépouillement

Le dépouillement a particulièrement porté sur les fiches d'enquêtes administrées et les retours de veille. Les informations collectées ont été traitées à l'aide du logiciel "open source" et gratuit Surveyor Version 1.48RC[1], puis par MS Excel notamment pour l'édition des graphiques. Un travail manuel préalable sur les fiches d'enquêtes nous a permis de corriger les coquilles

---

[1] http://www.limesurvey.org/index.php?lang=fr

Les retours de veille sur le Web ont fait l'objet de fiche de présentation par source. Les sources de même que les informations collectées à partir de sites Web ont été validées selon les règles de l'art.

Chapitre 3 -   Le marché à bétail

Le marché à bétail de Fada N'Gourma est avec le marché central de la ville, le cœur de l'économie de la commune. Les recettes annuelles du marché à bétail au profit de la commune sont estimées à quarante-huit millions (48 000 000) de francs CFA[1].

3.1 Des infrastructures pour près de 800 millions de FCFA

Les infrastructures actuelles du marché à bétail de Fada N'Gourma ont été réalisées sur une superficie de quatre virgule sept (4,7) hectares. C'est un joyau de près de sept cent cinquante millions (750 000 000) de francs CFA soit environ un million cent cinquante mille euros (1 150 000 €). Il a été mis en service le 26 février 2006. Il comprend:

— seize (16) bâtiments pour le commerce et l'administration) ;
— huit (8) parcs pour bovins, ovins, caprins et asins ;
— dix-huit (18) fosses fumières ;
— deux (2) couloirs de vaccination ;
— une (1) rampe et quai d'embarquement ;
— (1) forage ;
— trente-deux (32) places de vente (box) pour bovins de 200 m2 ;
— trente-deux (32) places de vente (box) pour ovins de 25 m2 ;
— trente-deux (32) places de vente (box) pour caprins de 25 m2 ;
— deux (2) places de vente (box) pour asins de 50 m2 ;
— cent vingt-huit (128) casiers à volaille de 2 m2 ;
— vingt-quatre (24) places pour restauration ;
— cinq (5) chambres ;
— un (1) dortoir ;
— huit (8) bureaux pour vétérinaires et collecteurs ;
— une (1) salle de réunion ;
— vingt-quatre (24) latrines ;

---

[1] Source: Programme d'activités de l'EPCD pour l'année 2007

46

— deux (2) guichets de banques

— un (1) château d'eau avec pompe solaire ;

— une installation solaire pour éclairage public

— Etc.

Le marché à bétail, propriété de la Commune de Fada N'Gourma est moderne et est un des premiers en Afrique de l'Ouest par son envergure.

Graphique N° 06: Plan et vue panoramique du marché à bétail de Fada N'Gourma

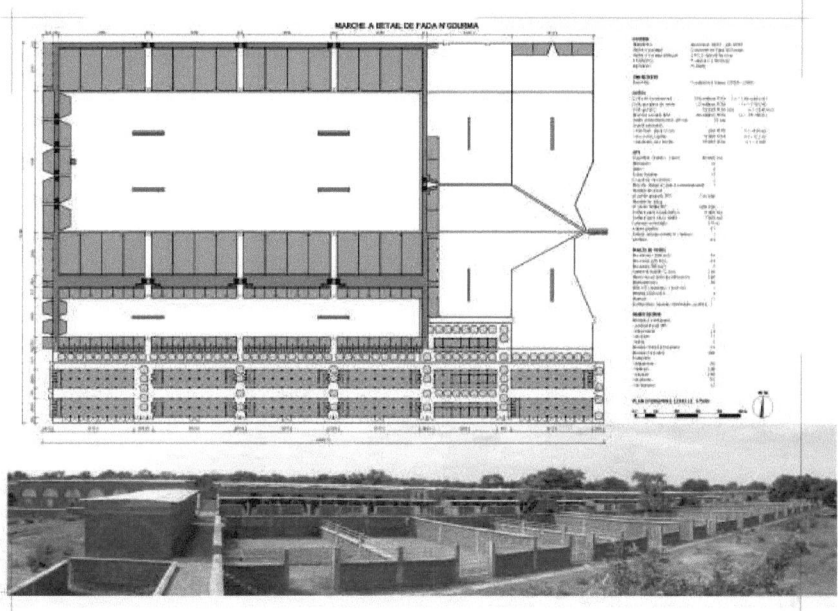

(Source: Laurent Séchaud, architecte – CAGEC)

3.2   Des métiers restés traditionnels

Le marché à bétail est animé par des éleveurs, des courtiers, des aides courtiers, des exportateurs, des acheteurs professionnels, des acheteurs ponctuels, des transporteurs de bétails, des marchands, des restauratrices, etc. En plus de ces acteurs directs, il faut citer les prestataires de services tels que les vétérinaires, les agents de banques, le personnel des structures d'appui et de l'administration.

Les métiers propres à la filière (éleveurs, courtiers, aides courtiers et exportateurs) sont animés par des personnes issues du même milieu traditionnel d'éleveurs, de l'ethnie peulh et de quelques familles gulmachema. La venue à ces métiers est une question de famille le plus souvent de père en fils. Cette situation en fait presque des métiers de castes et restent profondément traditionnels dans leur fonctionnement.

Le courtage qui demeure dans l'organisation et la gestion actuelle du marché le métier clé, est caractérisé par l'âge avancé des courtiers et peu ouvert à la modernisation. Le taux d'alphabétisation est de 49% au sein des courtiers et des exportateurs. Néanmoins, des jeunes scolarisés reprenant l'affaire de parents notamment défunts arrivent de plus en plus dans le métier avec des ambitions de modernisation. Du reste, parmi les aides courtiers généralement plus jeunes, on trouve un fort taux d'alphabétisation.

Il est très difficile de décrire de manière précise les tâches et habilités de chacun de ces métiers (surtout pour le courtage et l'exportation de bétail). Les acteurs fonctionnent par opportunisme et font du tout. Un courtier peut jouer simultanément les rôles d'éleveur, courtier et d'exportateur. L'aspect caste des métiers n'est pas pour faciliter l'établissement d'un référentiel pour ceux-ci. Nous proposons une première ébauche d'une charte de compétence pour ce métier modernisé en annexe.

3.3   Fonctionnement du marché de bétail

Organisés autour des courtiers et avec relations fortement marquées par des liens de parenté et d'amitié avant d'être commerciaux, ce sont différents groupes d'acteurs qui animent la filière de l'élevage autour et au sein du marché à bétail

48

de Fada N'Gourma. Nous présentons ci-dessous chaque groupe d'acteurs avec ses pratiques.

Le graphique suivant présente les acteurs au sein et autour du marché avec la nature des liens entretenus entre eux.

Graphique N° 07: Acteurs du marché et nature des liens

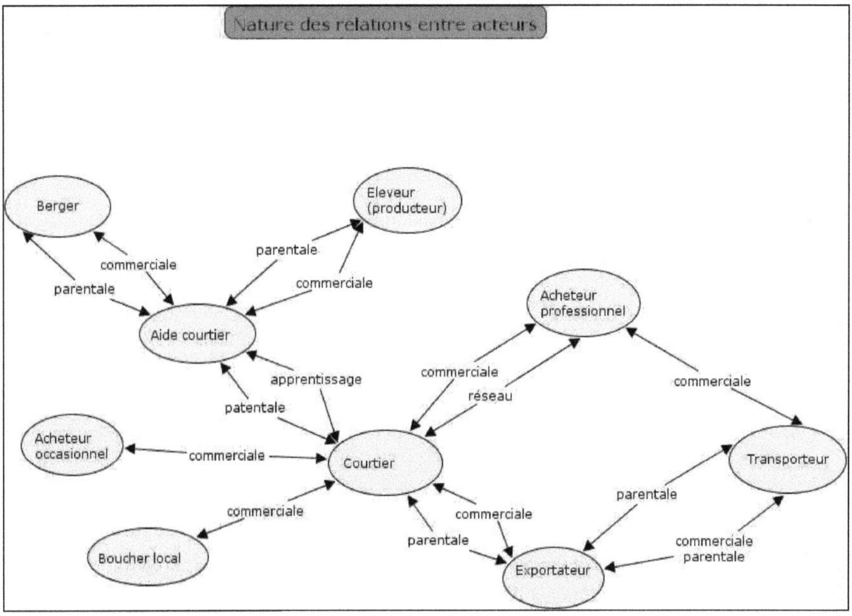

3.3.1 Les éleveurs (producteurs)

Les éleveurs sont le plus souvent installés dans les villages autour de Fada N'Gourma ou résident à Fada N'Gourma pour une minorité. Certains éleveurs citadins confient leur bétail à des bergers dans les villages. En matière de pratique, l'éleveur:

- confie ses animaux aux courtiers le plus souvent par l'intermédiaire d'un aide courtier pour la vente ;
- assiste généralement aux négociations le jour du marché ;

- peut fixer un prix minimal de vente ;
- peut être fidélisé à un courtier (relation de confiance) ;
- loge chez son courtier quand il vient pour le marché à Fada N'Gourma ;
- peut être membre d'une organisation professionnelle.

3.3.2 Les courtiers

Les courtiers sont les premiers animateurs du marché à bétail dont la création relève de leur initiative. Le courtier est généralement un intermédiaire entre l'éleveur qui vend son animal et les acheteurs. Il est aidé par des aides courtiers. Il a des compétences en négociations, des capacités de communication et une solide expérience en matière de ventes et achat d'animaux. Il peut être lui-même éleveur ou pas. Les courtiers constituent un cercle relativement fermé dont le fonctionnement est proche de celui d'une caste. A ce jour, il y a moins de trente (30) courtiers sur le marché à bétail. Dans ses tâches, le courtier:

— possède un agrément délivré par l'administration locale pour l'exercice de son métier ;
— paie des taxes à l'administration ;
— est secondé dans ses tâches par des aides courtiers ;
— possède un réseau d'acheteurs ;
— peut posséder un réseau d'éleveurs qui lui sont fidèles ;
— a une capacité d'accueil pour héberger les acheteurs et éleveurs membres de son réseau ;
— est rémunéré pour le service d'hébergement par les personnes hébergées ;
— est rémunéré par le propriétaire de l'animal vendu à un taux fixe (1 000 FCFA) ;
— est rémunéré par l'acheteur d'un animal vendu par ses soins à un taux fixe (1500 FCFA).
— est membre d'une organisation professionnelle (association de courtiers) ;
— est ou a été commerçant au grand marché de fada N'Gourma le plus souvent.

3.3.3 Les aides courtiers

Un aide courtier assiste un courtier dans ses tâches tout en apprenant le métier de courtier. Sa rémunération est assurée par le courtier. Il a généralement à charge les tâches suivantes:

— visite aux éleveurs en vue de trouver des animaux à vendre ;
— collecte des animaux à vendre ;
— assiste le propriétaire de l'animal en vente dans la négociation du prix de vente avec les acheteurs le jour du marché;

3.3.4 Les exportateurs de bétail

Ce sont des commerçants résidents dans la ville de Fada N'Gourma et qui font de l'achat revente d'animaux. Les animaux achetés dans les différents marchés sont ensuite vendus dans les pays limitrophes et dans la sous-région (Ghana, Togo, Bénin, Nigeria, etc.). Ce sont des clients moins intéressants pour les éleveurs car faisant des offres financières généralement plus faibles en comparaison avec celles des acheteurs professionnels. Le plus souvent l'exportateur est un simple intermédiaire entre les acheteurs professionnels et les éleveurs.

3.3.5 Les acheteurs professionnels

Ce sont des commerçants étrangers (Ghana, Nigeria). Ils achètent généralement de grandes quantités quand ils viennent sur le marché et à des prix plus intéressants. La bonne humeur sur le marché est généralement proportionnelle au nombre d'acheteurs professionnels présents. Ils sont généralement assistés dans leurs transactions par des exportateurs ou des courtiers.

3.3.6 Les acheteurs occasionnels

Ce sont des fermiers achetant des animaux en vue de la pratique de la culture attelée pour le labour des champs. Ce sont des clients saisonniers. Comme acheteurs occasionnels, on peut citer aussi les citoyens achetant des animaux de boucherie pour des cérémonies (mariage et autres fêtes).

3.3.7 Les bouchers locaux

Ils achètent le plus souvent des animaux pas chers (vieux, malades) pour la consommation en viande locale.

3.3.8 Les transporteurs

Ce sont des commerçants ayant développé des réseaux de relation et des capacités en matière de mobilisation de camions de transport pour le bétail. Il s'agit essentiellement pour ceux-ci de saisir et organiser le plus souvent des opportunités avec les mouvements de camions de transport de produits agricoles entre les pays de destination et le Burkina Faso. Ils consomment énormément d'informations relatives aux déplacements des camions et sont membres de flotte pour minimiser les coûts de communication.

3.3.9 Les bergers

Les bergers sont chargés de convoyer, garder et entretenir le bétail de chez les éleveurs jusqu'au marché à bétail ou le bétail acheté jusque dans les marchés des pays voisins.

Le graphique suivant résume les différentes fonctions présentes au sein du marché à bétail.

Graphique N° 08: Fonctions au sein du marché à bétail

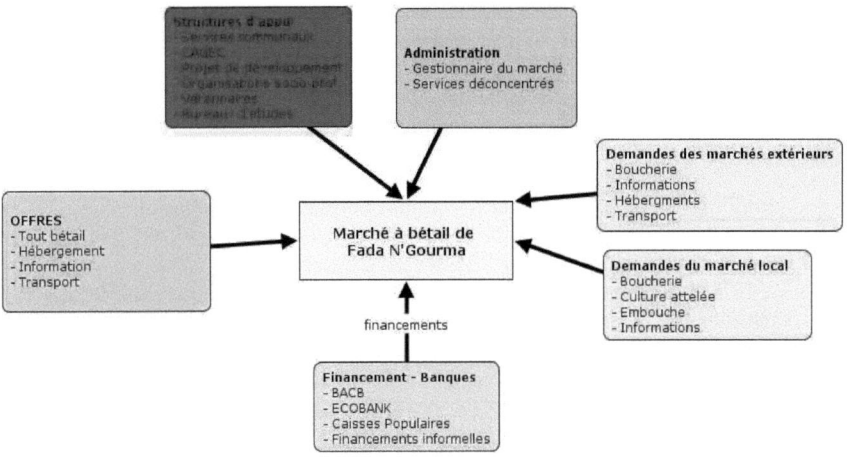

3.4 Une filière en pleine organisation

Le cabinet OPTIMUM Consulting, spécialisé dans la formation, les études et l'assistance en ingénierie de la formation, en gestion de compétences, etc. a été mandaté par la Cellule d'Appui à la Gestion Communale (CAGEC) pour apporter un appui organisationnel et en renforcement des capacités aux associations professionnelles du marché à bétail. Le mandat confié au Cabinet dure une année entière (2007). Le Cabinet a de ce fait ouvert un bureau sur le site du marché et y a affecté un cadre de manière permanente pour la durée de son mandat.

Selon un rapport de ce cabinet, à l'exception de l'Association "Barke" des courtiers en bovins, il n'existe aucune autre association légalement constituée sur le marché à bétail. Les autres associations ou corporations ont chacune un projet plus ou moins bien avancé de constitution d'une association légale. Ces projets de création ou de formalisation ont été en général suscités depuis l'ouverture du

53

nouveau marché. Les leaders sont analphabètes dans leur grande majorité et ont peu de connaissances en gestion d'association.

Les objectifs spécifiques de l'accompagnement du cabinet OPTIMUM Consulting sont:

— améliorer la structuration et le fonctionnement des associations professionnelles en assistant chacune d'elle afin qu'elle ait une existence légale et un bon fonctionnement ;

— renforcer les capacités techniques des associations professionnelles du marché afin qu'elles puissent se fixer des objectifs à atteindre et accroître leurs capacités financières ;

— dynamiser l'activité commerciale sur le marché en initiant des actions à même d'améliorer la rentabilité de l'activité professionnelle des membres des associations ;

— mener des actions capables de stimuler la demande et en assistant les courtiers pour qu'ils adaptent leurs offres à la demande.

Le plan d'action arrêté de commun avec le Cabinet et les acteurs connaît un début de mise en œuvre et doit s'achever en fin 2007.

Pour les premier et deuxième trimestres de l'année 2007 les activités suivantes sont en cours de réalisation:

La formalisation de cinq (5) associations professionnelles à savoir:

— l'association des petits ruminants ;

— l'association des étalagistes ;

— l'association des restauratrices ;

— l'association des vendeurs de volailles ;

— l'association des vendeurs de beignets et autres (installés aux abords du marché)

Le renforcement de capacités des acteurs notamment par la formation. Les formations suivantes sont prévues:

— rédaction des Procès-Verbaux de réunions (déjà réalisée);

— alphabétisation en langues nationales (gulmachema, fufuldé et mooré) ;

— alphabétisation en français ;

— gestion de la vie associative ;

— gestion de la micro entreprise ;

— hygiène des aliments ;
— plaidoyer et lobbying.

Chapitre 4 -   Résultats

Les résultats ci-dessous présentés répondent essentiellement à nos préoccupations relatives à la capacité et volonté des acteurs à utiliser les TIC, à leurs besoins en matière d'accès aux informations commerciales. Le taux d'alphabétisation au sein des acteurs directs du marché (courtiers, exportateurs et autres commerçants) est très faible. Il ressort un constat d'une très faible utilisation de TIC dans la recherche de l'information; elle est limitée à la communication vocale par le téléphone cellulaire. Les canaux d'information se résument au "bouche à oreille". Les informations recherchées sont variées allant de la disponibilité d'animaux en vente au cours des devises de pays voisins (Neira et Cedi). Notre instigation met en relief une volonté des acteurs à moderniser leur affaire par une alphabétisation et l'apprentissage de l'usage des TIC soit pour eux-mêmes ou pour des membres de leur famille plus lettrés et impliqués dans leur activité commerciale. L'intégration des TIC dans d'un système d'information de communication autour du marché à bétail est par ailleurs un besoin repris par les prestataires de services (cabinets vétérinaires et guichets de banques), les partenaires techniques et l'administration communale.

Le marché est très peu fréquenté par de véritables acheteurs professionnels. Les plus grands acheteurs sur le marché sont en fait des intermédiaires, eux-mêmes membres d'une longue chaîne d'intermédiaires. La longueur de la chaîne est inversement proportionnelle au prix d'achat qui est proposé à l'éleveur.

4.1 Le niveau d'accès à l'information

Nous ne pouvons pas parler de système d'information sur le marché à bétail. La première source d'information est le "bouche à oreille". C'est une source pour

95% des enquêtés. La deuxième source est le réseau de relations (85%). Ces réseaux de relations sont des cercles informels et basés sur la confiance réciproque. L'offre d'hébergement des courtiers (généralement à son domicile) est un cadre informel mais très important de partage de l'information sur les différents marchés et la filière. La non utilisation des dortoirs et chambres prévus sur le marché à bétail illustre cette pratique.

Quelques acteurs ont répondu qu'ils recherchaient souvent des informations relatives aux cours des monnaies étrangères surtout pour le Cedi ghanéen et le Neira nigérian.

Les graphiques ci-dessous présentent les informations recherchées par les acteurs du marché et les sources utilisées.

Graphique N° 09: Nature des informations recherchées par les acteurs

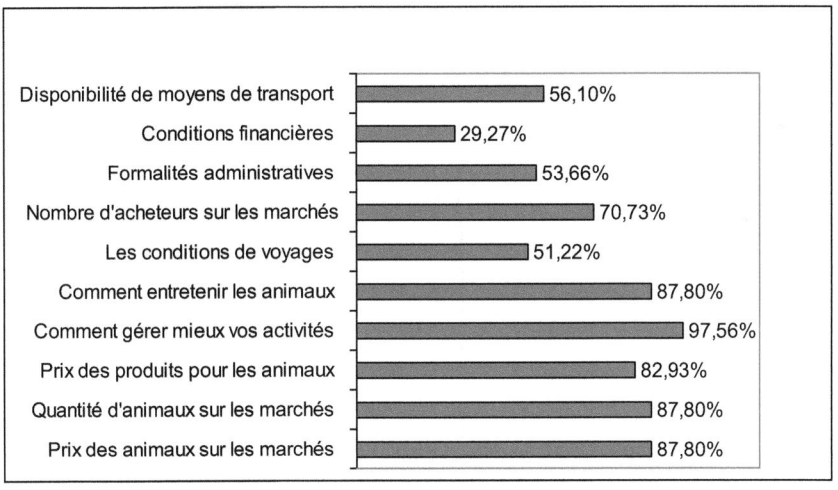

(Source: enquêtes après d'un échantillon de 40 acteurs – avril 2007)

Graphique N° 10: Source des informations recherchées

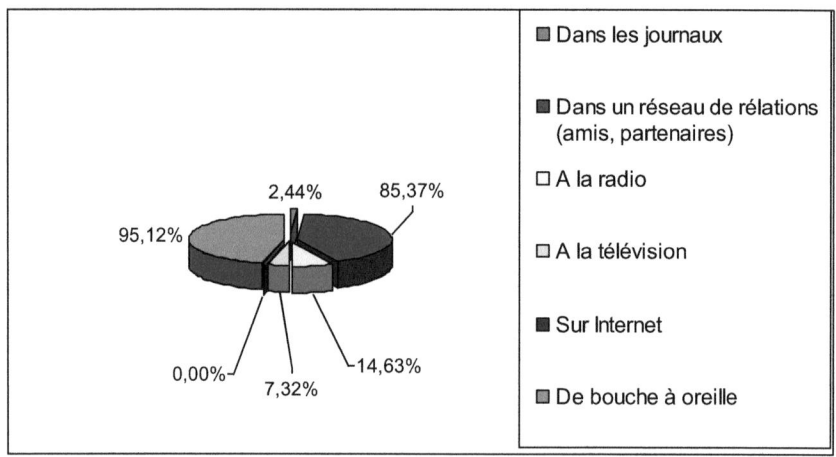

NB: Certains acteurs utilisent plusieurs sources.

(Source: enquêtes après d'un échantillon de 40 acteurs – avril 2007)

4.2 Peu d'outils de communication

L'outil de communication privilégié est le téléphone cellulaire (90% des enquêtés). Son usage est limité à la communication vocale et seulement 20% utilisent sa fonction SMS.

Internet est très peu connu; 70% des enquêtés disent ne pas savoir ce que c'est, 88% n'ont jamais été dans un cyber café et 56% disent n'avoir jamais entendu parler de l'Internet. On remarquera que les canaux traditionnels comme la radio, les journaux et la télévision sont également peu cités comme outils de communication ou comme source d'information.

La majorité des enquêtés consacrent entre cinq milles (5 000) à vingt-cinq milles (25 000) francs CFA aux frais de communications mensuelles.

Nous pouvons sur le marché distinguer essentiellement deux types de moyens de communication sur trois qui sont possibles:

- moyens de Communication traditionnels (MCT) ; coursier ou émissaire, rencontre physique ;
- moyens de Communication Modernes de type 1 (MCM1) ; Téléphone fixe, téléphone cellulaire
- moyens de Communication Modernes de type 2 (MCM2): SMS, Internet.

Les acteurs du marché à bétail utilisent actuellement les MCT et les MCM1.

Graphique N° 11: Moyens de communication utilisés

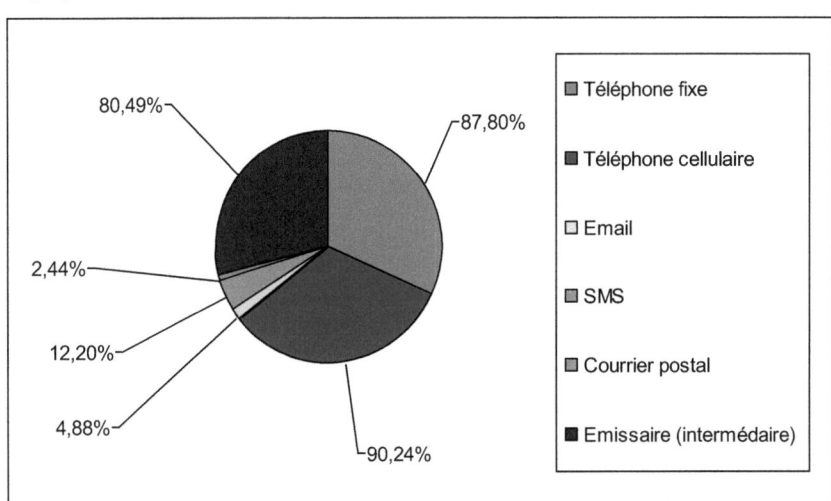

NB: un acteur utilise le plus souvent plusieurs moyens de communications
(Source: enquêtes après d'un échantillon de 40 acteurs – avril 2007)

Le graphique de la page suivante illustre le flux des produits, le flux d'informations et les moyens de communication utilisés.

Graphique N° 11: Flux des informations, des produits (bétail) et les moyens de communications utilisés

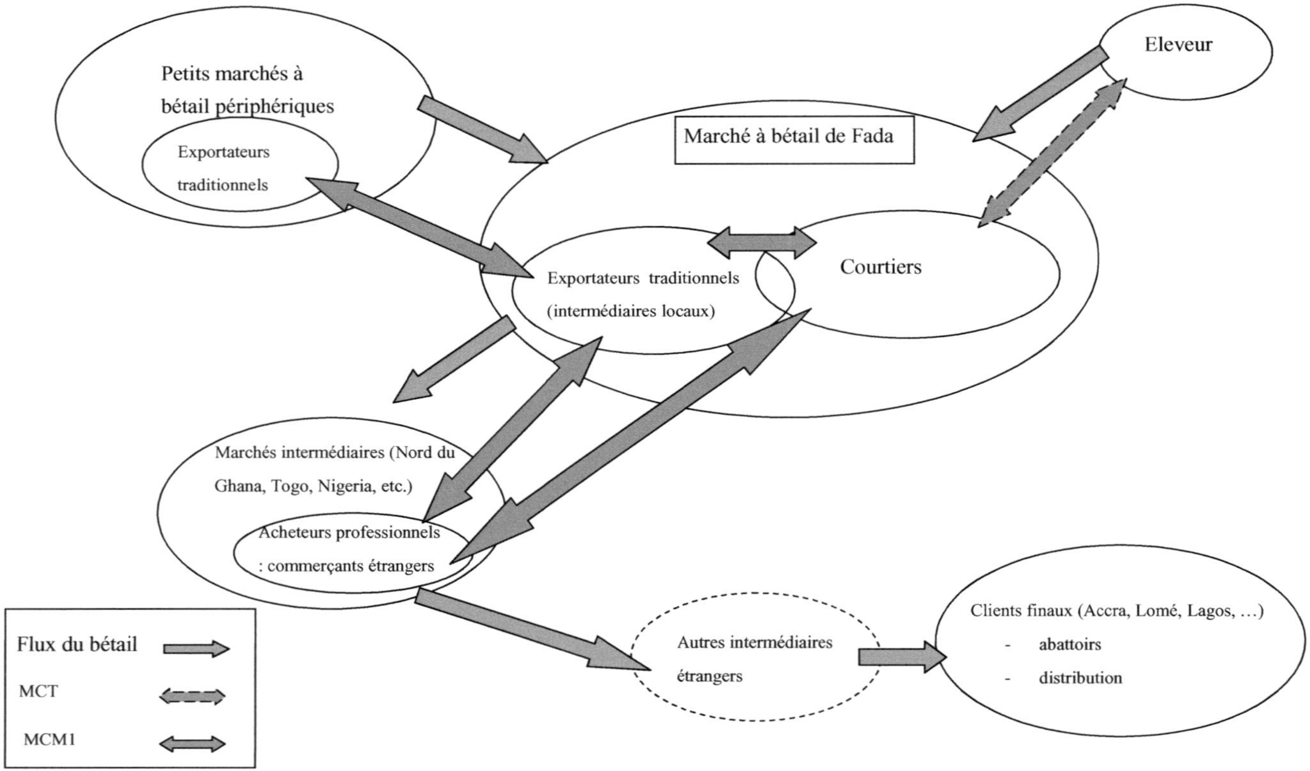

4.3 Des transactions commerciales archaïques et limitées

Les services de transfert d'argent des banques ne sont pas utilisés par les acteurs. Ceux-ci évoquent des désagréments en termes de tracasseries et le coût élevé des transferts. Les désagréments surviennent le plus souvent dans les transferts vers ou en provenance du Nigeria. Seulement 5% des enquêtés utilisent les outils modernes de transfert d'argent. Cette situation a été confirmée par le chef de l'agence BACB de Fada n'Gourma précisant par la même occasion que le guichet de sa banque ouvert sur le site du marché fonctionnait pour le moment à perte.

Les activités sur le marché à bétail se limitent au dimanche, jour de marché. Au regard de l'importance des infrastructures, l'on peut parler de sous-exploitation. Durant les six autres jours de la semaine, il n'existe aucune capacité en offres de services ou d'animaux sur le site du marché.

4.4 Peu de services payants utilisés par les acteurs

Des services formels, payants aux acteurs en matière d'assistance aux transactions sont peu, voire pas visibles. A titre d'exemple, il n'existe aucun service de téléphone payant sur le site du marché (dans le style "télécentre"). Bien que le taux d'alphabétisation soit faible, il n'existe pas de secrétariat public sur le site du marché. Nos entretiens avec les secrétariats publics à l'intérieur de la ville et dans les environs du marché ne nous ont pas permis de déceler une demande en services provenant des acteurs du marché à bétail.

Les services payants utilisés se résument aux soins vétérinaires aux animaux puis l'assistance dans la négociation des prix (délivrée par les courtiers)

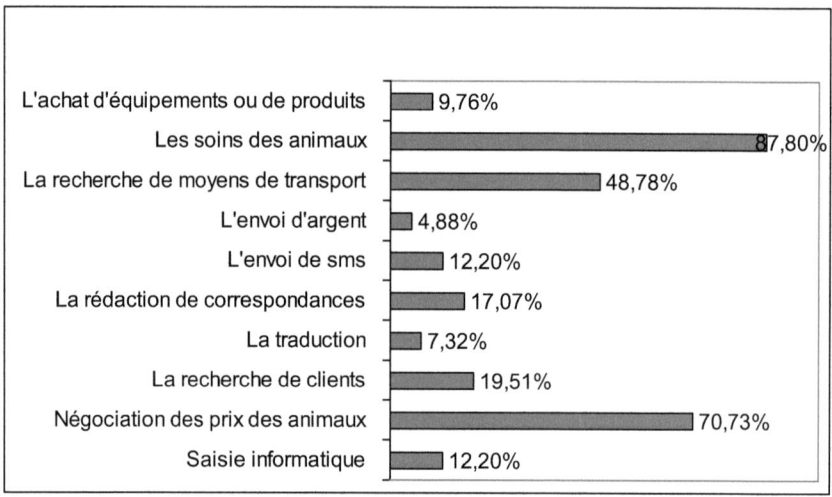

L'achat d'équipements ou de produits — 9,76%
Les soins des animaux — 87,80%
La recherche de moyens de transport — 48,78%
L'envoi d'argent — 4,88%
L'envoi de sms — 12,20%
La rédaction de correspondances — 17,07%
La traduction — 7,32%
La recherche de clients — 19,51%
Négociation des prix des animaux — 70,73%
Saisie informatique — 12,20%

(Source: enquêtes après d'un échantillon de 40 acteurs – avril 2007)

Il existe divers autres services payés de manière informelle tels que l'hébergement des acheteurs et des éleveurs non-résidents par les courtiers. Ce service d'hébergement est rémunéré sous différentes formes dont une fidélisation au courtier hébergeur.

4.5 Forces Faiblesses Opportunités Menaces

Le présent projet est caractérisé par sa force que constitue la présence à ses côtés de partenaires techniques et financiers que sont la coopération suisse et son programme d'appui à la gestion communale. La forte implication et la disponibilité de l'administration communale et du maire de Fada N'Gourma est une deuxième force.

Les opportunités sont la présence de partenaires accompagnant les initiatives en matière de TIC (IICD, ADEN) et l'existence de plateformes d'accès aux informations de sur les produits agro-pastoraux (MISTOWA, RESIMAO,…). Il existe également au Burkina Faso un Fonds de Service Universel (FSU)[1]. Les faiblesses et menaces sont le très faible niveau d'alphabétisation des acteurs et un banditisme latent dans la région (zones frontalières).

Les tableaux suivants sont une synthèse suivant une présentation FFOM de l'état des lieux décrit ci-dessus.

---

[1] Au terme de la loi n° 051/98/AN du 04 décembre 1998 portant réforme du secteur des télécommunications au Burkina Faso, le service universel des télécommunications est défini comme étant « une offre minimale au public sur l'ensemble du territoire national, des services de télécommunications à un prix abordable et ce, dans le respect des principes d'égalité, de continuité et d'universalité ».

Tableau N° 03: Résultats de l'analyse FFOM

	Forces	Faiblesses
Facteurs stratégiques	• Existence d'un partenaire technique et financier • Organisation des acteurs en cours • Cheptel assez important et de qualité • Forte implication de l'administration communale	Illettrisme des acteurs Méconnaissance des textes communautaires (UEMOA, CEDEAO) sur l'exportation Peu de soutien gouvernemental aux activités commerciales Peu de clients institutionnels ou professionnels Pas de débouchés hors Afrique de l'Ouest
Facteurs pédagogiqu es	• Existence d'offre de formation ponctuelle • Existence de structures de formation professionnelle dans la localité	Inexistence d'un système de formation relatif aux métiers de courtiers ou d'exportateurs Inexistence de curricula (référentiels) ou modules de formation spécifiques
Facteurs techniques	• Existence de compétences en TIC au sein de l'EPCD • Existence de trois opérateurs de téléphonie mobile dans la région	Offre en connexion haut débit limité Coût élevé des communications Usage limité des téléphones cellulaires
Facteurs managériau x	• Existence d'une structure administrative	Faible niveau de gestion moderne du marché Procédures administratives jugées lourdes Faible niveau de gestion des organisations socio professionnelles de la filière

	Opportunités	Menaces
Facteurs stratégiques	• Texte d'orientation politique du Gouvernement favorable • Présence sur le marché de guichet de banques • Textes communautaires favorables • Privatisation de l'opérateur historique des télécommunications (ONATEL) avec la fin de son monopole • Installation de nouveaux opérateurs fournisseurs d'accès haut débit à Internet au Burkina Faso • Volonté du ministère pour formaliser les métiers de la filière élevage • Existence du Fonds de Services universels	• La non application des textes communautaires favorables au développement de la commercialisation du bétail • Difficultés des opérations de transfert d'argent • Insécurité transfrontalière
Facteurs économiques	• Dynamisme du secteur • Bonne capacité financière des acteurs • Région de l'Est en pleine croissance • Projets de réalisation d'abattoirs avec capacité de congélation des viandes	• Inexistence d'outils modernes de gestion économiques • Difficulté d'accès au crédit • Coûts élevés des transferts d'argent
Facteurs pédagogiques	• Les acteurs sont dans une dynamique de formation (diverses sessions ont déjà été organisés) • Existence de formateurs	• Très forte sollicitation des acteurs pour participer aux formations • Probable désaffection à la longue
Facteurs techniques	• Existence de point d'accès public à Internet dans la ville • Possibilité d'extension de la fibre optique jusque dans la ville de Fada. Elle est à 80 km de la ville actuellement • Existence de services d'accès à l'information relative aux marchés de produits agricoles sur Internet • Existence de plateformes et d'outils pour le partage d'information et la communication • Arrivée d'un FAI haut débit en négociation	• Coût élevé des prestations TIC • Difficulté d'utilisation des plateformes d'informations sur les produits agricoles • Relative éloignement des acteurs animant les plateformes
Facteurs managériaux	• La CAGEC prévoit la formation des acteurs en gestion	• Relative réticence aux changements

4.6 Les besoins

Au regard de l'analyse FFOM et des besoins exprimés par les acteurs et partenaires du marché à bétail, les besoins auxquels le présent projet doit répondre pourraient être présentés selon les cinq axes suivants:

4.6.1 Envisager de nouveaux métiers et/ou la modernisation des métiers traditionnels

Dans l'expression des besoins, ce sont près de 70% des enquêtés qui souhaitent moderniser la pratique de leur métier. Cette modernisation est fortement recommandée également par les partenaires et prestataires de services. Ce besoin se traduirait de manière pratique à l'élaboration de curricula (référentiels) pour les différents métiers. Des modules de formation permettront alors aux acteurs de compléter leurs compétences pour faire face aux exigences de l'exercice des métiers dans le contexte actuel fortement marqué par la globalisation et les TIC.

Le graphique de la page suivante fait apparaître de nouveaux acteurs plus professionnels, capables d'utiliser les moyens de communication modernes de type 2 (MCM2) comprenant le SMS et l'Internet. Ces nouveaux acteurs sont capables de communiquer et commercer avec les acheteurs finaux de manière à raccourcir la chaîne des intermédiaires et assurant ainsi de manière prix d'achat aux producteurs. Ils auront également la capacité grâce aux TIC d'accéder à une nouvelle clientèle professionnelle.

.

Graphique N°12: Flux des produits et des informations envisagés par le projet

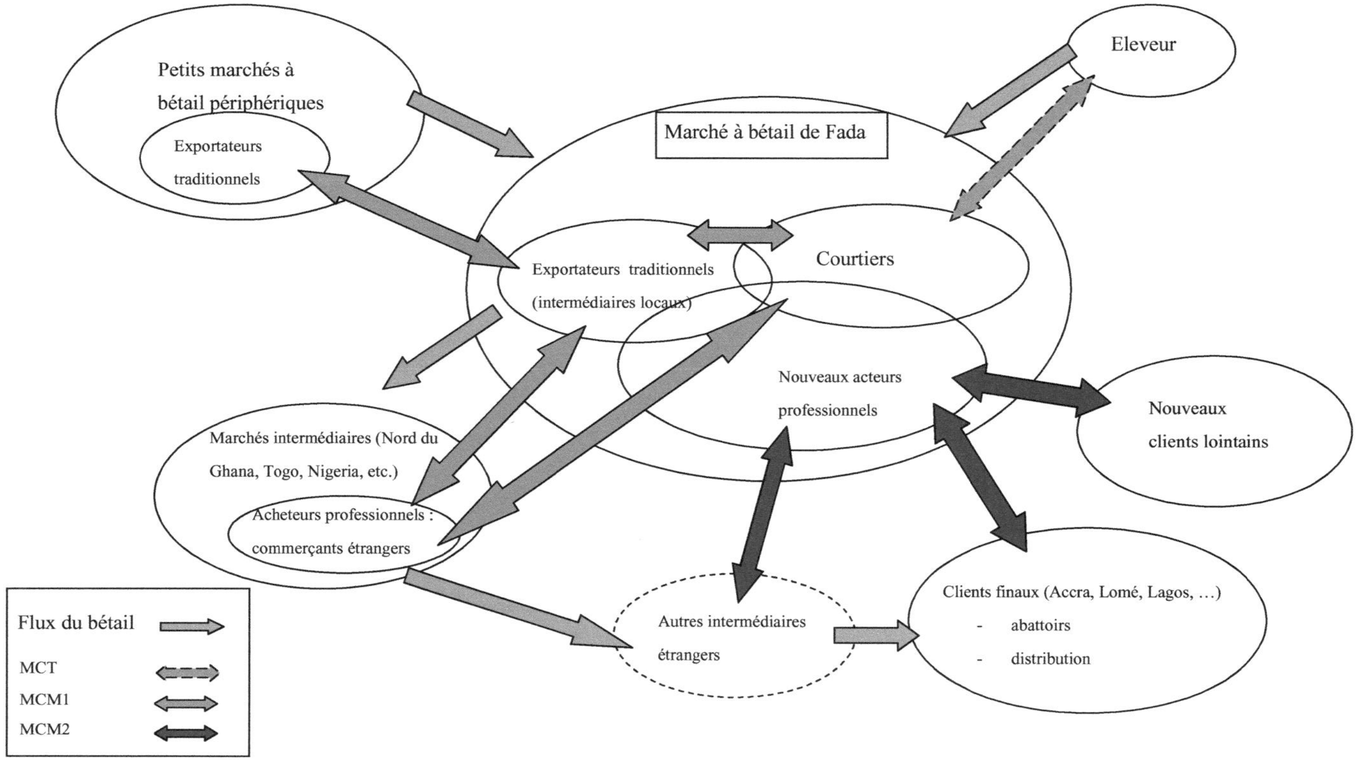

4.6.2 Former les acteurs

Notre enquête a révélé que plus de 70% des enquêtés ; (soit 29 personnes sur 41) ont souhaité bénéficier d'une formation en gestion et 68% pour une alphabétisation. La disponibilité de référentiels adaptés et de modules permettra de mettre en œuvre des formations à très forte valeur ajoutée et contribuera à la modernisation des métiers.

Un volet particulier portera sur l'usage des outils de communication et d'accès à l'information. Plus qu'une absence d'outils, c'est surtout des manques en compétences pour utiliser aux mieux ceux disponibles et accessibles aux différents acteurs (exemple des plateformes de MITSOWA et du RESIMAO).

Le graphique suivant montre les besoins en formation des personnes enquêtées.

Graphique N° 13: Besoins en formation

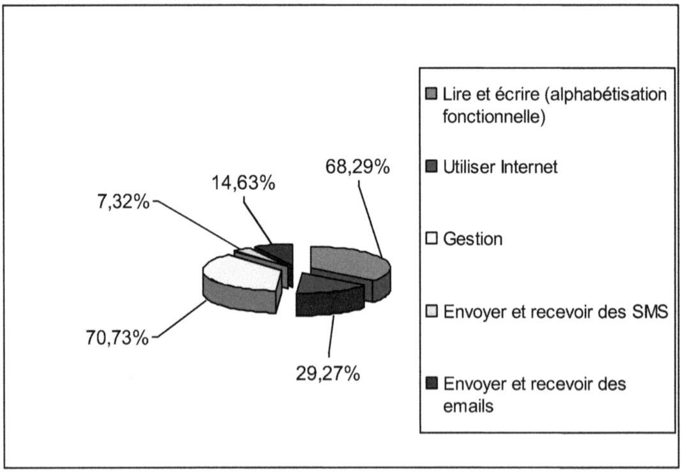

(Source: enquêtes après d'un échantillon de 40 acteurs – avril 2007)

4.6.3 Utiliser des outils TIC adaptés pour accéder à des informations utiles

Les TIC s'imposent chaque jour en peu plus comme moyens d'accès à l'information économique et de communication à moindre coût. Ils sont de plus en plus accessibles en témoigne le taux d'utilisation du téléphone cellulaire[1]. La connexion haut débit à Internet bien que peu répandue dans la ville de Fada N'Gourma (réduite à quelques liaisons spécialisées) notamment pour des questions de coût, pourra être une réalité dans les mois à venir. En effet, des négociations sont envisagées dans ce sens entre la Mairie de Fada N'Gourma et un opérateur fournisseur de d'accès haut débit. . Par ailleurs, il y a un réel besoin de supports adaptés pour la collecte et la diffusion des informations au profit des acteurs du marché à bétail. Les enquêtés ont parfois souhaité disposer de simples haut-parleurs sur le site du marché.

Selon le directeur régional des ressources animales de l'Est, il y a un besoin pressant pour ajuster la demande et l'offre en matière d'animaux. Le projet de Développement Agricole (PDA) de la GTZ a apporté des appuis à des fermiers en matière d'embouche notamment par le micro crédit. Cette initiative n'a pas eu les résultats escomptés car en fin de campagne, les paysans se retrouvaient avec des animaux et sans clients à qui vendre. Face aux coûts d'alimentation et d'entretien des animaux assez élevé, ils revendaient à perte au premier acheteur qui se présentait. A l'inverse, il est souvent très difficile de réunir une quantité importante d'animaux pour faire face à certaines demandes.

Cette situation est largement due à une absence de stratégie et moyens de communication efficaces, peu chère et adaptée.

---

[1] Plus de 90% des enquêtés possèdent un téléphone cellulaire

La question de réduction des coûts de communication est un besoin partagé par les acteurs interrogés et partagée par le maire de la commune de Fada N'Gourma.

4.6.4 Faire la promotion du marché à bétail, des acteurs et des produits

Ce besoin est largement traduit par la volonté des enquêtés d'accéder à plus de clients et vendre plus. A ce jour, aucune action de marketing notable n'est faite. Ce besoin est suffisamment repris par les partenaires techniques et financiers du marché à bétail de même que par l'administration communale. Faire la promotion du marché à bétail par la mise en ligne d'un site Web portail a été la première expression de besoin faite par les promoteurs du marché. Cette promotion par les TIC vise à toucher de nouveaux clients certainement plus lointains et professionnels.

4.6.5 Mettre en place une stratégie adaptée

Parmi les besoins exprimés notamment par les responsables des organisations socio professionnelles et structures d'appui, la notion d'équité a été évoquée. Quels que soient les outils et les services à mettre en place, il devrait être garanti la transparence et l'équité au profit de tous. L'accessibilité de tous les acteurs aux bénéfices des services à mettre en place en tenant compte des groupes défavorisés (notamment les analphabètes) est un besoin et exprimé comme tel.

L'ampleur des besoins commande par ailleurs la recherche de stratégie impliquant l'ensemble des acteurs de la filière (producteurs, intermédiaires, acheteurs, transformateurs, services publics et privés). La stratégie de mise en œuvre devra intégrer une dimension "accompagnement des acteurs" pour leur donner confiance pour les changements nécessaires à la mise en place des nouveaux outils et services.

4.7 Les services capables de répondre aux besoins

La satisfaction des besoins analysés pertinents nécessite le déploiement de services adaptés, mais aussi la mise en place de mesures ou dispositif d'accompagnement lié à des équipements, à des ressources humaines ou de stratégies. Notre cadre d'étude limite ces services à l'usage de TIC, mais ceux-ci auront besoin d'être complété par d'autres types de services. Les services ci-dessous pourraient être une première réponse.

Tableau N° 04: Services pour répondre aux besoins

Type de Services	Services
A. Services informatifs de promotion du marché, de ses acteurs et de ses produits	a. Mettre en ligne de l'information sur le potentiel économique, les facilités du marché à bétail b. Mettre en ligne de l'information sur la législation relative à la filière de l'élevage et à l'exportation c. Mettre en ligne de l'information sur les aspects sanitaires
B. Services de bourse (offre et achat de vente)	a. Permettre la présentation des offres de produits et services b. Permettre la présentation des demandes en services et produits
C. Services de communication	a. Mettre en ligne des services de communications asynchrones b. Mettre en ligne des outils de communication synchrone c. Mettre en place un système de communication basée sur le téléphone cellulaire d. Permettre aux internautes de contacter les services de l'administration via le site e. Permettre des contacts entre acteurs
D. Services de guichet	a. Permettre le téléchargement de documents en ligne

	b. Permettre la collecte d'informations via des formulaires en ligne c. Permettre un accès protégé à certaines ressources et services du site
E. Services d'accès public à Internet	a. Assurer aux agents et administrés une bonne connexion à Internet b. Offrir aux acteurs et partenaires un accès à Internet avec un accompagnement

4.8   Les recommandations pour une meilleure exploitation du marché

L'essentiel des recommandations formulées ont été présentées à un échantillon des acteurs (7 personnes) en vue de recueillir leurs avis et mesurer leur niveau d'acceptation par ceux-ci. A cet effet, nous avons souscrit aux services de la plateforme AGRITRADE et du RESIMAO pour l'accès aux informations sur les produits agro-pastorales. Pour le site Web portail du marché à bétail, nous avons réalisé et mis en ligne un prototype à l'url suivante: www.betailduburkina.com ou www.fada.africa-web.org .

Les réactions ont été très favorables et les acteurs présents ont vivement souhaité que l'on cesse de leur parler des bienfaits de ces outils pour enfin leur apprendre comment s'en servir.

4.8.1   Un site Web portail du marché à bétail

La création d'un site Web portail comme moyen pour promouvoir le marché, ses acteurs et ses produits est une alternative à portée de main et facilement réalisable. Un CMS (Content Management System) adapté avec des modules complémentaires pour gérer des aspects comme la communication et la bourse.

4.8.2   Utilisation des plateformes d'accès aux informations agro-pastorales existantes

Suivant le retour de la veille sur Internet, il est apparu l'existence de plateformes d'accès aux informations sur des produits agro-pastoraux offrant des services très intéressants. Le site Web portail envisagé ci-dessus pourra être développé dans une logique de synergie et de complémentarité avec ces plateformes. Il conviendra d'établir des partenariats formels avec celles-ci. Deux paraissent particulièrement intéressantes.

La plateforme AGRITRADE[1] soutenu par le programme MISTOWA de l'IFDC qui offre les services et fonctionnalités suivantes:

Le RESIMAO en tant que réseau de systèmes d'information articulé autour du Bénin, du Burkina Faso, de la Côte d'Ivoire, de la Guinée, du Niger, du Mali, du Sénégal, du Togo et du Nigeria pourrait accueillir le système d'information et de communication du marché à bétail de Fada N'Gourma comme membre. Le marché pourrait d'une part profiter de l'expérience du réseau et utiliser sa plateforme d'accès aux informations agricoles essentiellement basée sur l'usage du SMS.

4.8.3 Utilisation optimale du SMS comme outil de communication entre acteurs

Une étude réalisée par le Centre de Commerce International, sur le potentiel du m-business[2] dans sa conclusion dit ceci:

---

[1] http://www.wa-agritrade.net

[2] Evaluation du potentiel du «m-business» en Afrique subsaharienne : le cas du Burkina Faso, CCI - CNUCED/OMC mars 2006

Le téléphone mobile, ce terminal électronique adopté par un nombre grandissant d'Africains en raison de la valeur que lui confèrent les lacunes des infrastructures fixes, rend la réception instantanée de messages du monde entier possible. Cela signifie que grâce à cet outil d'information, les opérateurs économiques du Burkina Faso pourraient bénéficier d'une information économique en temps réel. Pour cela, il suffit que les systèmes d'information adaptés soient mis en place.

(Source: Evaluation du potentiel du m-business en Afrique Subsaharienne; le cas du Burkina Faso, CCI – CNUCED/OMC, mars 2006, p.86)

Sur le marché à bétail de Fada N'Gourma presque tous les acteurs possèdent un téléphone GSM. Bien que l'utilisation actuelle du SMS soit faible (12% des enquêtés), cette fonctionnalité permettrait par son coût d'atteindre un fort pourcentage d'acteurs dans un système d'accès à l'information à mettre en place au profit du marché. Des mesures d'accompagnement en termes de formation et d'alphabétisation seraient nécessaires.

Le SMS est par ailleurs au cœur des fonctionnalités utilisées par les plateformes présentées ci-dessus.

4.8.4 Un accès public à Internet dédié au marché à bétail

L'accès à Internet au travers d'un espace public d'accès notamment localisé sur le site du marché a surtout été exprimé par les prestataires de services pour les acteurs. Les vétérinaires travaillaient déjà au montage d'un projet de création d'un tel espace. Les courtiers, éleveurs et autres exportateurs ne connaissent pas Internet pour l'écrasante majorité d'entre eux. Par contre, les prestataires sont conscients qu'ils sont demandeurs pour des informations se trouvant sur Internet. Les vétérinaires sur le volet sanitaire pourraient se positionner en intermédiaires entre Internet et cette demande en informations au profit des acteurs. D'autres types d'informations notamment liées à la production, à l'approvisionnement en équipement et intrants pourront être également être développés.

Les guichets de banques présentes sur le site du marché sont également demandeurs. La BACB a déjà entamé une étude de faisabilité de connexion haut débit à Internet pour son guichet, mais pourrait l'envisager en partenariat avec l'initiative du marché en la matière.

4.8.5 Créer de nouveaux métiers et/ou moderniser les métiers traditionnels

DACUM (Developing A CurriculUM)[1] est un système de formation et de gestion des compétences qui est utilisé à travers le monde tant par les entreprises que par les maisons d'enseignement.

Il a trois composantes majeures :
— l'analyse occupationnelle,
— le développement,
— l'implantation de programmes.

Cette méthode DACUM serait tout à fait adaptée comme base pour la conception des référentiels pour les différents métiers. Cette méthodologie a l'avantage d'impliquer les personnes expérimentées et exerçant le métier. Elle permet non seulement de décrire un métier qui cadre parfaitement avec un contexte, mais garantit aussi l'adhésion des pionniers au résultat obtenu. A titre d'exemple, la matrice du graphique suivant présente ce qui pourrait être le résultat d'un processus DACUM pour le métier d'animateur de l'espace public d'accès à Internet dédié au marché à bétail.

---

[1] http://www.cva-acfp.ca/dacum/fr_whatisdacum.html

La charte de compétence ainsi définie est le support pour l'élaboration des modules de formations. En fonction du type de formation envisagée; formation initiale ou perfectionnement, des fiches d'apprentissage seront élaborés pour chacune des compétences répertoriées dans la matrice.

Pour chaque compétence, il sera défini:

— Des objectifs de performances ;
— Des indicateurs de performance ;
— Des activités d'apprentissage.

Pour le perfectionnement un travail d'analyse des besoins auprès des publics cibles est nécessaire afin de déterminer les compétences à traduire en fiches d'apprentissage.

Dans la suite de notre travail, un exemple sera développé en ligne sur une plateforme de formation et accessible à partir du site : www.betailduburkina.com .

Graphique N° 14: Exemple de charte de compétences

Animateur à l'espace public d'accès à Internet du marché à bétail

Pour être un animateur dans l'espace public d'accès à Internet du marché à bétail de Fada N'Gourma, l'individu doit être capable de,

Champs de compétences \ Tâches	1	2	3	4	5	6	7
A Connaissances de la filière de l'élevage	Décrire les principaux acteurs de la filière	Décrire la politique nationale d'élevage					
B Connaissance des animaux du marché	décrire les principaux animaux du marché	décrire physiologiquement chaque animal					
C Principaux usages de l'Internet	Expliquer les principaux usages de l'Internet	Démontrer des usages de l'Internet	Expliquer les usages de l'Internet aux acteurs du marché				
D Connaissance de l'informatique	Décrire les principaux éléments d'un ordinateur	Installer et utiliser les principaux périphériques	Décrire les composants d'un réseau	Connecter les éléments d'un réseau			
E Maintenance informatique(hard)	Détecter une panne	Assurer la maintenance de premier niveau	Assurer les opérations d'entretiens du matériel	Sélectionner un maintenancier pour les niveaux supérieurs	Contrôler un travail de maintenance	Réceptionner un travail de maintenance	
F Maintenance informatique(soft)	Détecter une panne	Assurer la maintenance de premier niveau	Assurer les opérations d'entretiens des logiciels	Sélectionner un maintenancier pour les niveaux supérieurs	Contrôler un travail de maintenance	Réceptionner un travail de maintenance	mettre en place une protection anti virus, spams, et vers
G Principaux logiciels	Démarrer et arrêter windows	Démarrer et arrêter Linux	décrire l'environnement linux	décrire l'environnement windows	Utiliser la suite Open Office	Utiliser la suite MS office	Utiliser des logiciels de retouche d'images
H Principaux logiciels pour Internet	Utiliser la suite Mozilla	Utiliser des clients messagerie	Utiliser des clients VOIP	Utiliser des progiciels de gestion de contenus			
I Veille sur Internet	Définir une veille	Définir les objectifs d'une veille	Utiliser les outils de veille	Exploiter les résultats d'une veille			
J marketing	Expliquer les 4 P du marketing	Décrire des supports de marketing					
K E-commerce	Expliquer les règles du e-commerce	Décrire les outils de e-commerce	Décrire les enjeux du e-commerce	Expliquer les principales arnaques du e-commerce			
L Outils financiers	Décrire les outils financiers courants	Expliquer le paiement en ligne	Expliquer le transfert d'argent	Expliquer les principales opérations bancaires			
M Législation	Expliquer le droit d'auteurs	Expliquer le droit du e-commerce	Décrire la législation nationale en matière de TIC	Décrire la législation nationale en matière d'exportation d'animaux	Décrire les législations communautaires (UEMOA, CEDEAO)		
N Andragogie	Animer un groupe d'adultes	Assurer une formation à des adultes					
O Compétences personnelles	Démontrer une capacité d'écoute	Démontrer une capacité d'accueil	Démontrer une sensibilité pour les TICs	Faire preuve de patience			

77

4.8.6 Aspects financiers

Les besoins de financement des solutions envisagées pour offrir des services qui répondent aux besoins des acteurs se présentent suivant quatre grands axes:

— Conception et mise en ligne d'un site Web Portail à l'aide des progiciel de gestion de contenus open source et gratuit du type Joomla ou SPIP ;
— Conception et intégration de modules spécifiques au site Web portail notamment pour ce qui concerne la gestion des SMS ;
— La mise en place d'un espace public d'accès à Internet dédié au marché à bétail et à la filière de l'élevage ;
— La formation des acteurs et personnes ressources qui seraient impliquées dans la réalisation et l'exploitation des services ;

Les tableaux suivants donnent des orientations en matière de coûts pour chacun de ces grands axes. Les coûts d'exploitation de l'espace public d'accès à Internet sont peu abordés.

Tableau N° 05: Budget prévisionnel pour la conception et la mise en ligne d'un site Web

N°	Désignation des prestations	Unité	Qté	Prix U.	Prix total
0.	**FINALISATION ETUDE DU PROJET**	**FF**			**1 200 000**
I.	**CONCEPTION DU SITE WEB**				**1 470 000**
I.1	Conception du portail (architecture, visuels, fonctions, maquette etc.)	h.jours	15	70 000	1 050 000
I.2	Conception de scripts complémentaires pour gestion de SMS	h.jours	6	70 000	420 000
II	**ACQUISITIONS (Logiciels, nom de domaine, hébergements)**				**720 000**
II.1	Noms de domaine	Année	5	12 000	60 000
II.2	Hébergement du site	Mois	24	15 000	360 000
II.3	Installations de logiciels de production (logiciels gratuits)	Forfait	1	300 000	300 000
III	**MISE EN LIGNE ET CONFIGURATIONS**				**490 000**
III.1	Mise en ligne CMS et modules complémentaires	h.jours	4	70 000	280 000
III.2	Mise en ligne de contenus initiaux notamment statiques	h.jours	3	70 000	210 000
IV	**FORMATIONS**				**980 000**
IV.1	Formations aux outils de collecte et traitement des ressources (images, documents, actualités, etc.)	h.jours	6	70 000	420 000
IV.2	Formations à l'administration et gestion du site Web (usage du CMS)	h.jours	3	70 000	210 000
IV.3	Formations des acteurs à l'utilisation du portail, des plateformes d'accès aux informations (TRADENET et RESIMAO) et quelques utilitaires de l'Internet (téléphonie, messagerie, etc.)	h.jours	4	70 000	280 000
IV.4	Formations à l'usage de la fonction SMS du téléphone cellulaire	h.jours	1	70 000	70 000
V	**REFERENCEMENT DU SITE WEB**				200 000
V.1	Référencement du site aux moteurs et annuaires	Forfait	1	200 000	200 000
VI	**EXPLOITATION DU SITE WEB**				**2 400 000**
VI.1	Appui technique externe pendant exploitation	mois	24	100 000	2 400 000

Tableau N° 06: Budget prévisionnel pour l'installation d'un espace d'accès à Internet

VII	Sous total espace public d'accès à l'Internet				**22 350 000**
VII.1	Installation de la connexion VSAT	FF	1	2 800 000	2 800 000
VII.2	Acquisition et installation de deux serveurs	unité	2	1 000 000	2 000 000
VII.3	Acquisition d'équipements et installation d'un réseau mixte (filaire et wireless)	unité	1	500 000	500 000
VII.4	Acquisition de postes de terminaux X	unité	6	350 000	2 100 000
VII.5	Acquisition de postes clients	unité	5	400 000	2 000 000
VII.6	Photocopieuse	unité	1	500 000	500 000
VII.7	Scanneur, imprimantes, appareil photo numérique	FF	1	500 000	500 000
VII.8	Onduleurs de 1200 VA	U	2	200 000	400 000
VII.9	Petits périphériques (webcams, casques, etc.)	FF	1	150 000	150 000
VII.10	Mobiliers pour les locaux (tables et chaises)	FF	1	350 000	350 000
VII.11	Autres équipements (climatiseurs)	FF	1	500 000	500 000
VII.12	Kit de consommables	FF	1	200 000	200 000
VII.13	Logiciel de gestion de comptes des clients	FF	1	150 000	150 000
VII.14	Formation des animateurs	FF	1	2 000 000	2 000 000
VII.15	Aménagement des locaux (dont isolation thermique)	FF	1	1 000 000	1 000 000
VII.16	Subventions pour fonctionnement	mois	24	300 000	7 200 000
VIII	**EVALUATION**				**750 000**
VIII.1	Evaluation interne du dispositif et du site après un an et demi d'exploitation	FF	1	750 000	750 000
IX	**LOGISTIQUE**				**880 000**
IX.1	Déplacements et séjours	FF	1	480 000	480 000
IX.2	Communications	FF	1	400 000	400 000

Tableau N° 07: Récapitulatif du budget de l'ensemble du projet

Désignation				Total
TOTAL BUDGET en francs CFA				**31 440 000**
TOTAL en Euro				**47 927**

DEUXIEME PARTIE: CAHIER DES CHARGES

(REALISATION DES ALTERNATIVES)

Chapitre 5 - Contexte

Le présent cahier des charges est un document visant à définir les spécifications de base pour la réalisation d'un site Web portail pour le marché à bétail et d'un espace public d'accès à Internet. Outre les spécifications de base, il décrit quelques modalités d'exécution. Le cahier des charges reprend le contexte du projet, précise ses objectifs, ses bénéficiaires et ses partenaires. Les besoins y sont également formulés. C'est une des bases contractuelles entre le maître d'ouvrage et le ou les entreprises qui seront chargés de la réalisation du projet.

5.1 Les objectifs du projet

Le présent projet vise à doter le marché à bétail de N'Gourma d'un système d'information et de communication dont les objectifs spécifiques sont:

- mettre en place des services TIC au profit du rayonnement du marché à bétail de Fada N'Gourma comme marché régional pour les produits de l'élevage en Afrique de l'Ouest ;

- créer de nouveaux emplois liés notamment aux TIC autour des activités du marché à bétail et/ou renforcer les métiers traditionnels de la filière.

5.2 Bénéficiaires

Les bénéficiaires du présent projet sont :

— la commune de Fada N'Gourma, propriétaires des infrastructures du marché ;
— les organisations socio-professionnelles animant le marché à bétail ;
— les acteurs directs du marché (éleveurs, courtiers, exportateurs, acheteurs, bouchers, commerçants, transporteurs, etc.) ;
— les structures d'appui au marché à bétail et/ou à filière de l'élevage ;
— les administrations de la commune et de l'Etat à Fada N'Gourma.

5.3 Partenaires

Les principaux partenaires pour le présent projet sont:

— la mairie de Fada N'Gourma ;

— l'Etablissement Public Communal pour le Développement (EPCD), structure technique de la mairie et chargée de la gestion du marché à bétail. L'EPCD est le maître d'ouvrage délégué par la mairie pour le présent projet ;

— la Cellule d'Appui à la Gestion Communale,

— la coopération suisse

— les prestataires de services du marché à bétail (bureau de conseils et cabinets vétérinaires)

— les fournisseurs d'accès à Internet

5.4 Besoins à satisfaire

Les principaux besoins dont la satisfaction est recherchée dans le cadre du présent projet sont résumés ainsi qu'il suit:

— la promotion du marché à bétail, des acteurs et des produits

— l'accès à des informations utiles (commerciales, techniques) par l'utilisation des tic ;

— la création de nouveaux métiers et/ou la modernisation des métiers traditionnels de la filière ;

— la formation des acteurs (en matière d'alphabétisation, en gestion, en utilisation des tic, etc.) ;

— une stratégie efficace pour la mise en œuvre du projet.

5.5   Analyse FFOM

Les résultats de l'analyse FFOM présentent ci-dessous le contexte du présent projet notamment à travers ses forces, ses faiblesses, son potentiel et ses limites ou menaces.

Tableau N° 08: Résultats de l'analyse FFOM

	Forces	Faiblesses
Facteurs stratégiques	• Existence d'un partenaire technique et financier • Organisation des acteurs en cours • Cheptel assez important et de qualité • Forte implication de l'administration communale	Illettrisme des acteurs Méconnaissance des textes communautaires (UEMOA, CEDEAO) sur l'exportation Peu de soutien gouvernemental aux activités commerciales Peu de clients institutionnels ou professionnels Pas de débouchés hors Afrique de l'Ouest
Facteurs pédagogiqu es	• Existence d'offre de formation ponctuelle • Existence de structures de formation professionnelle dans la localité	Inexistence d'un système de formation relatif aux métiers de courtiers ou d'exportateurs Inexistence de curricula (référentiels) ou modules de formation spécifiques
Facteurs techniques	• Existence de compétences en TIC au sein de l'EPCD • Existence de trois opérateurs de téléphonie mobile dans la région	Offre en connexion haut débit limité Coût élevé des communications Usage limité des téléphones cellulaires
Facteurs managériau x	• Existence d'une structure administrative	Faible niveau de gestion moderne du marché Procédures administratives jugées lourdes Faible niveau de gestion des organisations socio professionnelles de la filière

84

	Opportunités	Menaces
Facteurs stratégiques	Texte d'orientation politique du Gouvernement favorable Présence sur le marché de guichet de banques Textes communautaires favorables Privatisation de l'opérateur historique des télécommunications (ONATEL) avec la fin de son monopole Installation de nouveaux opérateurs fournisseurs d'accès haut débit à Internet au Burkina Faso Volonté du ministère pour formaliser les métiers de la filière élevage Existence du Fonds se Services Universels	La non application des textes communautaires favorables au développement de la commercialisation du bétail Difficultés des opérations de transfert d'argent Insécurité transfrontalière
Facteurs économiques	Dynamisme du secteur Bonne capacité financière des acteurs Région de l'Est en pleine croissance Projets de réalisation d'abattoirs avec capacité de congélation des viandes	Inexistence d'outils modernes de gestion économiques Difficulté d'accès au crédit Coûts élevés des transferts d'argent
Facteurs pédagogiques	Les acteurs sont dans une dynamique de formation (diverses sessions ont déjà été organisés) Existence de formateurs	Très forte sollicitation des acteurs pour participer aux formations Probable désaffection à la longue
Facteurs techniques	• Existence de point d'accès public à Internet dans la ville • Possibilité d'extension de la fibre optique jusque dans la ville de Fada. Elle est à 80 km de la ville actuellement • Existence de services d'accès à l'information relative aux marchés de produits agricoles sur Internet • Existence de plateforme et d'outils pour le partage d'information et la communication	• Coût élevé des prestations TIC • Difficulté d'utilisation des plateformes d'informations sur les produits agricoles • Relative éloignement des acteurs animant les plateformes
Facteurs managériaux	• La CAGEC prévoit la formation des acteurs en gestion	• Relative réticence aux changements

Chapitre 6 -   Les prescriptions du projet

Les prescriptions sont un ensemble d'attentes et d'exigences en termes de fonctionnalités, de performances techniques, de dispositions financières ou de méthodologie attendu dans le cadre de la réalisation du projet.

6.1 Objets du présent cahier des charges

Le présent cahier de charges a pour objet la réalisation d'un système d'information et communication pour le marché à bétail de Fada N'Gourma basé sur les TIC. Cette intégration s'articulera autour des quatre volets ci-dessous:

- un site Web portail du marché à bétail de Fada N'Gourma ;
- un dispositif d'accès aux informations sur les produits agro-pastorales via Internet ;
- un système de communication basé sur le cellulaire (notamment le SMS) ;
- un accès public à Internet pour des acteurs du marché à bétail.

A la phase opérationnelle, il serait pertinent d'éclater le présent Cahier Des Charges notamment pour dissocier les différents volets devant faire l'objet de contrats différents.

6.2 Spécifications générales

L'ensemble du système à mettre en place se fera au bénéfice de la commune de Fada N'Gourma et plus spécifiquement des acteurs du marché à bétail. Il s'agit donc d'un système public et qui de fait devra garantir équité, transparence et accessibilité à tous les bénéficiaires initialement ciblés. Le système ne devra donc pas engendrer des frustrations et des marginalisations au sein des acteurs. La notion d'accessibilité notamment doit prendre en compte les spécificités des groupes les plus vulnérables marqués notamment sur le marché par l'analphabétisme.

Plus que la mise en place d'outils TIC, la réalisation du présent système de promotion, d'information et de communication doit prendre en compte les dimensions sensibilisation, initiation, formation et encadrement des acteurs pour une appropriation des TIC et plus spécifiquement du système qui aura été mis en place.

La formation sera prise en compte à tous les niveaux de la réalisation du projet et les prestataires qui seront retenus devront concevoir des modules de formation.

La réalisation du projet associera des acteurs locaux de manière à garantir une appropriation locale.

6.3 Spécifications fonctionnelles

6.3.1 *Site Web Portail*

Le souci d'appropriation locale nécessite l'implication de ressources locales dans la gestion et l'animation du site web. Pour ce faire, des outils de gestion de contenu permettant d'assurer une mise à jour rapide, continue, régulière, de manière souple, ordonnée et sans expertise particulière est fortement recommandée.

La multiplicité des acteurs nécessitera des règles de gestion des utilisateurs et des publications.

En ce qui concerne les utilisateurs, une série de fonctionnalités permettront une attractivité des échanges tout en alliant sécurité et ergonomie favorisant.

Les communications via le site Web seront totalement asynchrones dans un premier temps.

Les tableaux suivants résument l'ensemble des fonctionnalités nécessaires en fonction des services envisagés:

Tableau N°09 : Services et fonctionnalités

Services	Fonctionnalités
A. **Services informatifs** a. Mettre en ligne de l'information sur le potentiel économique, les facilités du marché à bétail b. Mettre en ligne de l'information sur la législation relative à la filière de l'élevage et à l'exportation c. Mettre en ligne de l'information sur les aspects sanitaires	- Arborescence pertinente, respectant la règle des 3 clics - Gestion des utilisateurs, (toute personne autorisée peut ajouter des informations, ou modifier des informations et les publier sur le site). - Rédaction et modification de contenus - Stockage et gestion de contenus - FAQ - Annuaires - Gestion du menu et du rubricage - Plan de site pour aider à la navigation - Gestion des arborescences - Workflow de validation - Gestion de bases de données - indexation /recherche - Serveur Web - Serveur de base de données
B. **Services de bourse (offre d'achat ou de vente)** a. Permettre la présentation des offres de produits et services b. Permettre la présentation des demandes en services et produits	- Gestion des utilisateurs, - Gestion d'annonces - Workflow de validation des posts
Services	**Fonctionnalités**
C. Services de communication a. Mettre en ligne des services de communications asynchrones b. Mettre en place un système de communication basée sur le téléphone cellulaire c. Permettre aux internautes de contacter les services de l'administration via le site d. Permettre des contacts entre acteurs	- Serveur de courrier - Gestion de comptes de courriers - Formulaires de contact - Annuaire de contact - Gestion d'annonces - API SMS
D. Services de guichet (dématérialisation des échanges) a. Permettre le téléchargement de documents en ligne b. Permettre la collecte d'informations via des formulaires en ligne c. Permettre un accès protégé à certaines ressources et services du site	- Gestion de Formulaires en ligne - Téléchargement de fichier - Système d'import / export (PDF par exemple)
E. Services de connexion à Internet a. Assurer aux agents et administrés une bonne connexion à Internet b. Offrir aux citoyens un accès à Internet	- Connexion VSAT (stellite) - Utilisation de la Boucle Locale Radio (BLR) - Espace public d'accès à Internet

Optimisation des pages

Les pages web seront optimisées pour un affichage minimum de 800 x 600 et redimensionnables en temps réel en fonction de la largeur de la fenêtre de navigateur ouverte à l'instant de la consultation. Elles seront compatibles avec les navigateurs Internet Explorer 6.x, Firefox1.x, etc. et ultérieurs sur plateforme PC et MAC. On s'attachera lors de la réalisation du site à le rendre évolutif avec une arborescence la plus souple possible. Il devra être facile d'ajouter des items dans les menus de navigation.

6.3.2 L'espace public d'accès à Internet

L'espace public d'accès à Internet doit assurer aux acteurs du marché, mais également à d'autres opérateurs économiques un certain nombre de services en mettant en œuvre des fonctionnalités. Les principaux services sont les suivants:

— l'accueil, la guidance et l'assistance tant pour les questions informatiques que pour les usages de l'Internet notamment pour la recherche d'informations économiques, culturelles et autres aspects sensibles ;

— la formation des acteurs à l'utilisation des TIC dont les outils informatiques, l'Internet, le téléphone cellulaire etc. ;

— un accès à un ensemble de services de bureautique et de l'Internet par le biais d'un espace personnel ;

— un accès à Internet ;

— un espace d'échange pour favoriser la pratique de "communauté de pratiques" dans le cadre d'une "Knowledge managment" (gestion des connaissances) ;

Le tableau qui suit résume les services et fonctionnalités de l'espace public d'accès à Internet.

Tableau N°10: Services et fonctionnalités pour l'espace d'accès à Internet

Services	Fonctionnalités
Accompagner les acteurs dans l'utilisation des TIC	- l'accueil, la guidance et l'assistance aux acteurs -la formation des acteurs à l'utilisation des TIC
Assurer un accès à Internet aux acteurs	- Connexion haut débit à Internet - Serveurs de connexion à Internet - Serveurs réseaux et de terminaux X - Postes clients - Terminaux X
Offrir des services d'informations via les canaux classiques	- Tableau d'affichage - Diffusion de message par système audio (hauts parleurs)
Offrir une espace d'échange aux acteurs	- Salle d'accueil et de réunion - Services de café et rafraîchissement
Offrir des services de secrétariat et bureautique aux acteurs	- Photocopie - Impression - Numérisation - Saisie
Offrir des services annexes	charge de batterie

6.3.3 Spécifications techniques

6.3.4 Site Web portail

Les spécifications précisent les performances et caractéristiques attendues des fonctionnalités retenues pour déployer les fonctionnalités envisagées.

Les critères de performance sont présentés pour les fonctionnalités susceptibles d'en être l'objet. La liste n'est pas exhaustive, le prestataire devra toutefois respecter les normes en vigueur en matière de site Web.

Tableau N° 11: Fonctionnalités et performances (spécifications)

Fonctionnalités	Critères de performances
- Gestion des utilisateurs, (toute personne autorisée peut ajouter des informations, ou modifier des informations et les publier sur le site). - Rédaction et modification de contenus - Stockage et gestion de contenus - FAQ - Annuaires - Gestion du menu et du rubricage - Plan de site pour aider à la navigation - Gestion des arborescences - Workflow de validation - Gestion de bases de données - indexation /recherche - Serveur Web - Serveur de courrier - Serveur de base de données	- Edition des pages avec système Wysiwyg - Importation d'images et de photos - Existence de règles de publication; - Prévisualisation avant publication; - Catégorisation, et indexation: catégorisation en plusieurs dimensions; - Archivage automatique; - Gestion de versions - Correcteur d'orthographe Supporte l'intégration de fils RSS Possibilité de commenter les publications Supporte les feuilles de styles CSS - Multi niveau d'accès et gestion des droits (rédacteur, administrateur, utilisateur) - Norme supportée XML, W3C HTML 4.0 - Support de module additif à moindre coût - Référencement automatique par dépôt de balise et publication automatique via moteur de recherche courant - Recherche multicritères - base de données consultables par un nombre maximum d'utilisateurs de façon simultanée
- Gestion de Formulaires en ligne - Téléchargement de fichier - Système d'import / export (PDF par exemple) - Gestion de comptes	- Formulaire dynamique PHP/ASP avec syndication mail possible administrateur - Encryptions SSL/TTL via les protocôles HTTS pour liaisons sécurisés - Enregistrement des transferts par le biais de log Certificat de sécurité et échange de clé à validité réduite

(suite du tableau N°1 1)

Fonctionnalités	Spécifications
Bases de données	- plusieurs supports de base possibles (MySql, PostGre, SQL Server, etc.); - existence de fonctions d'import/export des articles sont prévues; - possibilité de modifier la structure d'un article (et les tables liées); - base de données consultables par un nombre maximum d'utilisateurs de façon simultanée
Vitesse/charge	- Un système de cache est prévu; - le back-office est dimensionné pour des dizaines d'utilisateurs simultanés.
Hébergement	- espace disque d'au moins 200 Mo - serveur Apache supportant les CGI, PHP, SSI avec un environnement Web
Sécurité et Respect des standards	- La sécurité des données est prise en compte; - compatible avec les normes W3C; - Respect des standards (XML, LDAP) du marché
Code source	Le prestataire fournira le code source intégral du site Web à moins que ce soit une solution "Open source"

6.3.5 Espace public d'accès à Internet

Le tableau suivant précise quelques spécifications pour certaines fonctions que devra assurer l'espace public d'accès à Internet.

Tableau N° 12: Fonctionnalités et spécifications pour l'espace

Fonctionnalités	Spécifications
Accueil, guidance et assistance aux acteurs	- personnel (au moins deux animateurs) dont les compétences couvrent les aspects techniques (informatiques, Internet), les aspects sociaux (andragogie, sociologie, etc.) et les aspects économiques (commerce en ligne, législation), etc. ; - curricula pour les animateurs élaborés suivant la méthode DACUM[1] ; - liste de personnes ressources capables d'apporter des compétences spécifiques ;

---

[1] Developping A CurriculUM, http://www.cva-acfp.ca/dacum/fr_workshops.html

93

	- disponibilité de guides thématiques simplifiés et clairs pour les usages de l'Internet (e-formation, e-commerce, e-santé, recherche d'information, nétiquette, etc.)
Formation des acteurs à l'utilisation des TIC	- Modules de formation élaborés sur la base de curricula (référentiels) cautionnés par les acteurs et régulièrement validés par une autorité compétente ; - Liste de formateurs
Connexion haut débit à Internet	- connexion à Internet via un modem haut-débit (256 Kbps) partagé par VSAT ou BLR ; - une adresse statique de préférence
Serveurs de connexion à Internet	- PC de type Pentium IV avec 1 Go de RAM avec un disque de 80 Go avec deux cartes réseaux à 100Mbits, - partager et sécuriser la connexion à tous les postes du réseau; - filtrage de sites illicites
Fonctionnalités	**Spécifications**
Serveurs réseau et de terminaux X	- PC de type Pentium IV avec 1 Go de RAM avec un disque de 160 Go avec deux cartes réseaux à 100Mbits (une pour réseau et une pour le Tx, - système d'exploitation GNU/Linux pour chaque station Tx. - fonctionnalités de la distribution à chaque station Tx. installées sur le serveur - serveur web - réduction de la maintenance à une seule machine (le serveur réseau).
Réseau	- Routeur - Firewall - Proxy/cache
Terminaux X	- Un client léger TX, écran plat 17".
Postes clients	- Un PC de type Pentium IV 2,6 Ghz avec 512 Mo de RAM, un disque de 80 Go avec une carte réseau à 1Gbits, écran plat 17", carte vidéo 3D.
Hébergement (locaux)	- Locaux construits avec soucis s'isolation thermique ; un bâtiment en terre crue (adobes) réalisé suivant les techniques de la construction sans bois conviendrait
Communauté de pratiques	- Cafétéria, rafraîchissement
photocopie impression numérisation	Matériels robustes et de maintenance aisée

saisie	
- charge de batterie de téléphone cellulaire	-

6.3.6 Schéma type du réseau informatique de l'espace

Graphique N° 15: Réseau informatique de l'espace d'accès à Internet

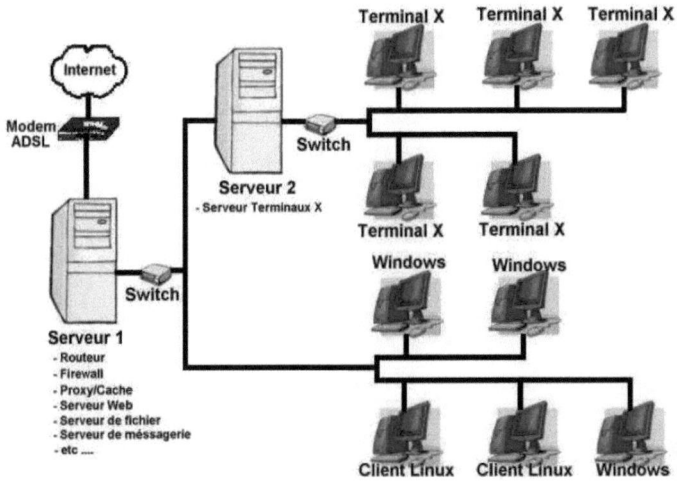

(Source: http://rotomalug.org/IMG/pdf/cahier_charges2.pdf)

6.3.7 Spécifications pour les logiciels

Les logiciels recommandés sont des logiciels libres "Open Source". Outre l'avantage d'offrir des licences gratuites, ils sont en parfaite harmonie avec l'esprit et les objectifs d'un espace d'accès public à Internet qui prônent la diffusion de l'information, le partage des connaissances et le renforcement des liens entre les individus.

Les logiciels libres possèdent un autre intérêt non négligeable : tout un chacun peut les copier pour lui-même ou pour des amis, et ceci, en toute légalité.

Le tableau suivant présente quelques logiciels libres des plus répandus et des plus utiles pour le fonctionnement de l'espace public d'accès à Internet.

Un logiciel "propriétaire" pourrait être envisagé que si le domaine du libre ne permet pas d'en disposer.

Tableau N° 13: Logiciels.

Logiciel	Recommandations
Systèmes d'exploitation	GNU/Linux. Trois distributions 2 sont recommandées : Debian Sarge, Mandrake 10 et Fedora pour le serveur TX
Bureautique	Suite Open Office
Serveur Web et Base de données	EasyPHP
Retouche d'images	Gimp
Navigation Web, transfert de fichiers	Mozilla
Messagerie électronique	Thunderdird
Messagerie instantanée	Gaim
Edition de pages Web	NVU
Etc.	

6.4 Spécifications de réalisation

Ces spécifications précisent les conditions de réalisation du projet et concerne les aspects liés à la gestion du projet et quelques obligations du prestataire en relations avec les responsables du projet.

6.4.1 Équipe de suivi

Un comité de suivi du projet sera mis en place par l'EPCD. Il pourra faire appel à des personnes ressources de manière ponctuelle pour des besoins spécifiques de conseils. Le comité est le représentant du maître d'ouvrage. Il mettra en place de manière autonome un calendrier et des règles de travail. Il sera l'interlocuteur du prestataire qui devra lui rendre compte suivant un calendrier qu'ils auront convenu de commun accord. Le comité ou son responsable participera à toutes les réunions d'avancement et validera les différents procès-verbaux. Il est habilité à prononcer les différentes réceptions à chacune des étapes de la conception et de la réalisation.

6.4.2 Informations à fournir par le prestataire

Le prestataire doit fournir au comité de suivi le choix des outils (CMS et autres modules complémentaires, hébergement, base de données, sécurité). Il fournira à cet effet un argumentaire détaillé justifiant ses choix pour validation.

Avant la réalisation le résultat du travail de conception sera soumis au comité.

Le prestataire doit également un document décrivant sa méthodologie de travail ainsi que les ressources dont il dispose ou qu'il compte mobiliser pour la réalisation du projet.

6.5 Spécifications administratives et financières

6.5.1 Obligation de conseils

Le prestataire retenu aura pour devoir d'informer le comité de suivi de toutes les obligations juridiques et administratives liées à la publication du site et aux types de contenus envisagés.

6.5.2 Travaux supplémentaires et amendements du cahier des charges

Toute demande supplémentaire devant entraîner un supplément de facturation de la part du prestataire devra faire l'objet d'un avenant au contrat.

Tout travail supplémentaire réalisé à l'initiative du prestataire et sans l'accord préalable de l'EPCD ne pourra en aucun cas entraîner de facturation supplémentaire.

Par ailleurs le prestataire est invité à formuler des amendements au présent cahier des Charges s'il les juge pertinents.

6.5.3 Propriété intellectuelle

Au paiement intégral de la prestation, le site et le nom de domaine seront de plein droit la propriété de la Commune de Fada N'Gourma.

6.5.4 Réception provisoire et définitive

Au terme de chaque réunion d'avancement l'EPCD (Comité de suivi) et le prestataire s'entendront sur les dernières améliorations à apporter aux développements déjà réalisés.

L'ensemble de la prestation fera l'objet d'une réception provisoire, puis d'une réception finale.

6.5.5 Aspects financiers

Le prestataire proposera son offre financière conformément au bordereau des prix fourni. Il signalera à l'EPCD toute prestation indispensable et non mentionnée. De commun accord le bordereau ci-dessous sera complété.

L'EPCD rémunérera le prestataire conformément à son offre financière acceptée par elle.

Les paiements des services du prestataire seront faits par l'EPCD et s'opéreront par chèque bancaire au nom du prestataire.

Ils se feront de la manière suivante:

— 30 % à la signature du Contrat
— 40% à la réception provisoire du guichet virtuel
— 30% à la réception définitive.

Toutefois ces modalités de paiement pourraient être modifiées à la rédaction du contrat pour tenir compte des exigences du fonds qui financerait la réalisation du guichet virtuel.

CONCLUSION

"TIC et Développement de l'élevage dans l'Est du Burkina Faso; cas du marché à bétail de Fada N'Gourma", est un sujet passionnant dont l'étude a été ponctuée par la découverte de l'impressionnant potentiel que représente cette Région de l'Est en matière de production et de commercialisation de bétail.

Le cheptel est important et de qualité. La Région et plus particulièrement la ville de Fada N'Gourma connaissent une dynamique économique comme peut en témoigner la présence significative de structures d'appui et de nouvelles entreprises.

Envisager une rentabilité de la filière élevage en s'appuyant sur les TIC est assurément porteur de lendemains meilleurs et cela s'inscrit parfaitement dans les politiques de lutte contre la pauvreté et de développement des TIC du Gouvernement du Burkina Faso.

Les besoins exprimés par les acteurs et les partenaires du marché à bétail nous ont amené à suggérer la mise en place des services suivants pour y répondre:

— la mise en ligne d'un site Web portail, outil de promotion du marché, d'accès à de l'information économique et de communication ;
— une meilleure utilisation de la fonctionnalité SMS du téléphone portable pour améliorer la communication entre les acteurs ;
— une utilisation effective et qualitative des plateformes d'accès aux informations sur les produits agricoles existantes ;
— la création d'un espace public d'accès à Internet dédié aux acteurs économiques de la ville et en particulier aux acteurs et partenaires du marché à bétail ;
— et enfin l'adoption d'une stratégie de mise en œuvre efficace capable de garantir succès au projet.

L'état des lieux que nous avons dressé et résumé dans un tableau FFOM montre que notre travail mérite d'être complété par d'autres études notamment sur les aspects suivants:

— évaluation et recommandations sur les capacités du marché et de ses acteurs à faire face à de nouvelles et importantes demandes que susciterait les actions du présent projet, y compris le respects des normes de production et du commerce international ;
— viabilité de l'espace public d'accès à Internet préconisé par le présent mémoire, notamment pour les aspects liés au financement ;
— gestion des informations économiques et commerciales notamment sensibles (en termes d'enjeux liés à la concurrence) qui naîtront du dispositif que le présent projet mettra en place.

La réalisation de quelques mesures d'accompagnement est nécessaire pour améliorer les facteurs de succès du projet. Ce sont l'alphabétisation d'une bonne partie des acteurs et la mise en œuvre d'une formation en gestion au profit de l'ensemble des acteurs. A noter que ces mesures connaissent déjà un début de réalisation sur le terrain.

Nous recommandons la réalisation effective et dans les meilleurs délais des solutions préconisée pour répondre à l'enthousiasme que notre travail a soulevé auprès des acteurs. Ceux-ci l'ont démontré par une participation quantitative et qualitative au présent travail, malgré nous appréhensions du départ car les acteurs avaient été particulièrement sollicités à cette période par des consultants chargés d'études.

Un prototype réalisé par nous et mettant en œuvre l'essentiel des services du site Web portail a été présenté à un échantillon de six (6) acteurs pour recueillir leurs avis et mesurer leur degré de satisfaction. A l'unanimité, ils ont positivement apprécié le travail présenté et loué la pertinence des services notamment pour la gestion des annonces commerciales. Ils ont souhaité que vivement leurs partenaires structures d'appui leur apportent les compétences nécessaires à l'utilisation de l'Internet, car disent-ils; chaque fois qu'il a été question d'Internet avec eux, c'est pour leur démontrer ses bienfaits, ils veulent désormais être aidés dans son utilisation effective.

Les différents partenaires rencontrés (représentants de l'Etat, de structures d'appui, prestataires de services, responsables d'organisations socioprofessionnelles) ont démontré également un intérêt pour le projet et une volonté pour accompagner sa réalisation.

Nous pouvons conclure en disant que TIC et développement de l'élevage dans l'Est du Burkina Faso et plus particulièrement sur le marché à bétail de Fada N'Gourma est un besoin pertinent et qui correspond aux attentes des acteurs et partenaires de la filière. Les contextes national, régional et local y sont largement favorables et avec la réalisation de quelques préalables, ce projet peut être exécuté avec succès.

Sylvestre OUEDRAOGO, *Schéma National d'Aménagement du Territoire*, Eétat des lieux des technologies de l'information et de la communication et l'aménagement du territoire au Burkina Faso, Ouagadougou, 2007, 42 p.

Sylvestre OUEDRAOGO, *Profil du secteur des télécommunications et de l'Internet au Burkina Faso,* Ouagadougou, 2007, 15 p.

Michel Arnaud et Jacques Perriault, *Les espaces publics d'accès à Internet, Réalités et devenir d'une nouvelle géographie des territoires et des réseaux, 253 p.*

Union internationale des télécommunications, *Indicateurs des télécommunications africaines*, 2004, 140 p.

Premier Ministère, Délégation Générale à l'Informatique (mars 2004): "*Projet de stratégie d'opérationnalisation du plan de développement de l'infrastructure nationale d'information et de communication 2004-2006"*, Ouagadougou, 2004, 188 p.

Décret N° 2003-176/PRES/PM/MPT portant adoption de la stratégie de développement du service universel en matière de télécommunications. Mars 2003, Burkina Faso.

Centre du commerce international CNUCED/OMC, *Evaluation du potentiel du "m-business" en Afrique subsaharienne : Le cas du Burkina Faso,* Genève: CCI, 2006, 106 p.

Région de l'Est, *Monographie de la Commune Urbaine de Fada N'Gourma*, Fada N'Gourma 2006, 80 p.

Emmanuel Tasséré SAWADOGO, *Mémoire DESS Paris X, Offre de e-formation en milieu rural au Burkina Faso, Etude de faisabilité d'un projet pilot*, 2005, 79 p.

MINISTERE DE L'ECONOMIE ET DU DEVELOPPEMENT, *Région de l'Est – Cadre Stratégique Régional de Lutte contre la Pauvreté*, 2005, 80 p.

Ministère des Ressources Animales du Burkina Faso, *Les statistiques du secteur de l'élevage au Burkina Faso*, 2005.

Coopération Suisse, *Capitalisation de l'Appui Suisse au PDVM*, 2004

Emmanuel Dembèga, *Evaluation des besoins en renforcement des capacités des organisations du marché à bétail de Fada N'Gourma*, CAGEC, 2006, 22 p.

TABLE DES MATIERES

106

Annexes

A. QUESTIONNAIRE

B. PHOTOS

A. QUESTIONNAIRE

TIC et Développement de l'élevage dans l'Est du Burkina Faso: marché à bétail de Fada N'Gourma
Université de paris X Mémoire pour Master2 Conception et Gestion de Projets Numériques Territoriaux

1. Pratiques

* 1. Identité: Nom et Prénoms

Ecrivez votre réponse ici :

* 2. Prof: Profession

Ecrivez votre réponse ici :

* 3. Ville: Localité de résidence

Ecrivez votre réponse ici :

4. Langues: Quelles langues utilisez-vous dans vos activités de vente et achat de bétail?

Choisissez TOUTES les réponses qui conviennent :

☐ Français

☐ Fufuldé

☐ Gulmachema

☐ Mooré

☐ Haoussa

☐ Dioula

☐ Djerma

☐ Anglais

5. Niveau d'alphabétisation: Savez-vous lire et écrire?

Choisissez TOUTES les réponses qui conviennent :

☐ En Français

☐ En Fufuldé

☐ En Gulmachema

☐ En Mooré

☐ En haoussa

☐ En anglais

6. Moyens de communications utilisés: Quelles moyens utilisez-vous pour communiquer?

Choisissez TOUTES les réponses qui conviennent :

☐ Téléphone fixe

☐ Téléphone cellulaire

☐ Fax

☐ Email

☐ SMS

☐ Courrier postal

☐ Emissaire (intermédiaire)

7. Fréquentation de Cybers: Est-ce que vous fréquentez les cyber cafés?

Veuillez sélectionner SEULEMENT une réponse

☐ Souvent

☐ Rarement

☐ Jamais

8. Raison de non fréquentation de Cybers: Si vous ne fréquentez pas de cyber, dites-nous pour quelle raison?

Veuillez sélectionner SEULEMENT une réponse

☐ Vous ne savez pas ce que c'est

☐ Vous n'avez pas besoin d'y aller

☐ Vous n'aimez pas l'endroit

☐ Vous ne savez pas comment ça marche

☐ Vous ne pouvez pas payer

☐ Ca ne vous concerne pas

9. Connaissance de l'Internet: C'est quoi pour vous Internet?

Choisissez TOUTES les réponses qui conviennent :

☐ Jamais entendu parler

☐ C'est pour s'amuser (passer le temps)

☐ C'est pour envoyer et recevoir du courrier

☐ C'est pour chercher des informations

☐ C'est pour rencontrer des personnes

☐ C"est pour acheter des marchandises

☐ C'est pour se former

111

☐ C'est pour communiquer

10. Usage du cellulaire: Qu'est-ce que vous faites avec votre téléphone cellulaire

Choisissez TOUTES les réponses qui conviennent :

- ☐ Téléphoner
- ☐ Envoyer et recevoir des SMS
- ☐ Calculer
- ☐ Prendre des photos
- ☐ Stocker des numéros de téléphone
- ☐ Prendre des rendez-vous

11. Types infos recherchés: De quels types d'informations avez-vous besoin pour vos activités de vente et achat de bétail?

Choisissez TOUTES les réponses qui conviennent :

- ☐ Prix des animaux sur les marchés
- ☐ Quantité d'animaux sur les marchés
- ☐ Poids des animaux
- ☐ Prix des produits pour les animaux
- ☐ Comment gérer mieux vos activités
- ☐ Comment entretenir les animaux
- ☐ Où trouver des équipements à acheter
- ☐ Où loger
- ☐ Les conditions de voyages
- ☐ Nombre d'acheteurs sur les marchés
- ☐ Formalités administratives
- ☐ Conditions financières
- ☐ Disponibilité de moyens de transport
- ☐ Taux de change

12. Sources infos: Où trouvez-vous ces informations?

Choisissez TOUTES les réponses qui conviennent :

- ☐ Dans les journaux
- ☐ Dans un réseau de relations (amis, partenaires)
- ☐ A la radio
- ☐ A la télévision
- ☐ Sur Internet

13. Publicité: Que faites-vous pour vous faire connaître ou avoir de nouveaux clients?

Choisissez TOUTES les réponses qui conviennent :

☐ Utilisation de prospectus

☐ Utilisation de cartes de visites

☐ Utilisation de journaux

☐ Participation aux foires et expositions

☐ Visites aux clients potentiels

☐ Voyages de prospection

☐ Utilisation d'un réseau de relations

14. Frais de communication: Combien dépensez-vous par mois comme frais de communication (téléphone et autres)?

Veuillez sélectionner SEULEMENT une réponse

☐ Moins de 5 000 FCFA

☐ Entre 5 000 et 25 000 FCFA

☐ Entre 25 000 et 50 000 FCFA

☐ Entre 50 000 et 75 000 FCFA

☐ Entre 75 000 et 100 000 FCFA

☐ Plus de 100 000 FCFA

15. Services: Est-ce que vous payez des personnes ou des bureaux pour les services suivants?

Choisissez TOUTES les réponses qui conviennent :

☐ Saisie informatique

☐ Négociation des prix des animaux

☐ La recherche de clients

☐ La traduction

☐ La rédaction de correspondances

☐ L'envoi de SMS

☐ L'envoi d'argent

☐ La recherche de moyens de transport

☐ Les soins des animaux

☐ Le recouvrement de crédit

☐ L'achat d'équipements ou de produits

16. Aptitudes à payer des services: Au cas où vous ne le faites pas déjà, en avez-vous besoin et serez-vous prêt à payer pour cela?

Veuillez sélectionner SEULEMENT une réponse

☐ Oui, j'en ai besoin et je suis prêt à payer pour cela

☐ Oui, j'en ai besoin, mais je ne suis pas prêt à payer

☐ Non, je n'en pas besoin du tout

☐ Oui, j'en ai besoin, mais cela dépendra du prix

17. Besoins en infos des clients: Quelles sont les informations que vos clients et partenaires vous demandent?

Choisissez la réponse appropriée pour chaque élément :

	Très souvent	Souvent	Peu souvent	Jamais
Avez-vous des animaux en vente?	☐	☐	☐	☐
Quelle est la quantité d'animaux disponible?	☐	☐	☐	☐
Pouvez-vous fournir une quantité importante d'animaux?	☐	☐	☐	☐
Quel est l'état de santé de vos animaux?	☐	☐	☐	☐
Quel est l'âge de vos animaux?	☐	☐	☐	☐
D'où viennent vos animaux (race)?	☐	☐	☐	☐
Comment voulez-vous être payé?	☐	☐	☐	☐

2. Besoins

18. Besoins généraux: Quels sont vos besoins généraux dans votre activité de vente et achat de bétail?

Choisissez TOUTES les réponses qui conviennent :

☐ Vendre le plus d'animaux possible

☐ Vendre plus et gagner plus

☐ Vendre moins d'animaux, mais gagner plus de bénéfices

☐ Vendre des animaux dans les pays de la sous région

☐ Vendre des animaux dans les pays européens

☐ Avoir de nouveaux clients

☐ Moderniser votre affaire

116

19. Besoins en communication: Quels sont vos besoins en matière de communication?

Choisissez TOUTES les réponses qui conviennent :

☐ Dépenser moins

☐ Avoir une adresse email

☐ Envoyer et recevoir des SMS

☐ Utiliser Internet

☐ Utiliser mieux le téléphone cellulaire

20. Interlocuteurs: Avec qui souhaitez-vous communiquer?

Choisissez TOUTES les réponses qui conviennent :

☐ Vos anciens clients

☐ Vos partenaires sur les autres marchés à bétail

☐ Les transporteurs de bétail

☐ L'administration de la commune

☐ Les éleveurs

☐ Les prestataires (banques, véto, etc.)

☐ Les structures d'appui (EPCD, CAGEC, etc.)

☐ Les autres exportateurs

☐ Les autres courtiers

21. Outils communication souhaités: Quels sont les outils que vous souhaitez utiliser pour communiquer?

Choisissez TOUTES les réponses qui conviennent :

☐ Hauts parleurs

☐ Téléphone

☐ SMS

☐ Email

☐ Internet

☐ Journaux

☐ Radios

☐ Télévision

☐ Tableau d'affichage

☐ Lettre circulaire

22. Informations aux clients: Quels types d'informations souhaitez-vous communiquer à vos clients et partenaires?

Choisissez TOUTES les réponses qui conviennent :

☐ Votre disponibilité en matière de bétail

☐ Les prix des animaux

☐ La description de vos animaux

☐ Votre capacité d'accueil et d'hébergement

☐ Vos conditions de ventes

☐ Vos garanties de ventes

☐ Vos références en matière de vente

☐ Vote réseau de partenariat sur le marché

23. Besoins en formation: Avez-vous besoin d'une formation?

Choisissez TOUTES les réponses qui conviennent :

☐ Lire et écrire (alphabétisation fonctionnelle)

☐ Utiliser Internet

☐ Gestion

☐ Envoyer et recevoir des SMS

☐ Envoyer et recevoir des emails

24. Recherche d'infos: Au cas où vous ne pouvez pas rechercher vous même l'information notamment par Internet, qui doit le faire pour vous?

Choisissez TOUTES les réponses qui conviennent :

☐ Vos enfants qui savent lire et écrire

☐ Une personne qui sait utiliser Internet et que vous êtes prête à payer pour cela

☐ Votre association va recruter quelqu'un pour cela

☐ Le gestionnaire du marché

☐ l'EPCD

☐ Vous allez apprendre et le faire vous même

B. PHOTOS

1. Vue qualité des animaux et installation lampe solaire
2. Infrastructures administratives
3. Vue de l'arrivée des animaux
4. Vue intérieure des box
5. Vue intérieure des box
6. Vue des box de petits ruminants
7. Vue des infrastructures de commerce général
8. Vue du forage et du quai d'embarquement

119

Printed by Books on Demand GmbH, Norderstedt / Germany